Über dieses Buch Drei hochkarätige Krimi-Autoren und drei beklemmend böse Geschichten aus dem Alltag des kriminellen Beziehungsdschungels: *Herbert Lichtenfeld,* bislang vor allem vom ›Tatort‹ und der ›Schwarzwaldklinik‹ bekannt, leitet den Band ein mit einer bös-ironischen Geschichte über die leichtsinnige Liaison eines Spitzenpolitikers und ihre Folgen (›Der rote Faden‹). *Michael Molsner* beschreibt die fatal endende Haßliebe zwischen zwei ungleichen Brüdern (›Und willst du nicht mein Bruder sein‹), und *-ky*s Geschichte von der posthumen Rache eines reichen Geschäftsmannes an seiner jungen Witwe mittels subtilem, tödlich endendem Psychoterror ist zugleich eine faszinierende Fontane-Parodie und Huldigung an den großen Autor (›Ein seltener Fall von Witwenverbrennung‹).
Im Anhang ›Literarische Lebensläufe‹ der drei Autoren von Rudi Kost, einem Experten auf dem Gebiet der Kriminalliteratur.

Ebenfalls im Fischer Taschenbuch-Programm: ›Tödliche Beziehungen‹. Kriminalerzählungen von Richard Hey, Felix Huby, Irene Rodrian, Friedhelm Werremeier (Bd. 8206).

Ein seltener Fall von Witwenverbrennung

Kriminalerzählungen
von -ky, Herbert Lichtenfeld,
Michael Molsner

Fischer
Taschenbuch
Verlag

Die im Diana Verlag, Zürich, 1984 erschienene Originalausgabe mit dem Titel ›Tödliche Beziehungen‹, herausgegeben von Dietlind Kaiser, umfaßt sieben Kriminalerzählungen von sieben Autoren, die für die Taschenbuchausgabe auf zwei Bände verteilt worden sind:
Band 1: ›Tödliche Beziehungen‹. Kriminalerzählungen von Richard Hey, Felix Huby, Irene Rodrian, Friedhelm Werremeier.
Band 2: ›Ein seltener Fall von Witwenverbrennung‹. Kriminalerzählungen von -ky, Herbert Lichtenfeld, Michael Molsner.

11.–15. Tausend: März 1987

Veröffentlicht im Fischer Taschenbuch Verlag GmbH,
Frankfurt am Main, Dezember 1986

Lizenzausgabe mit freundlicher Genehmigung
der Diana Verlag AG, Zürich
Die dieser Lizenzausgabe zugrunde liegende Originalausgabe
erschien 1984 unter dem Titel ›Tödliche Beziehungen‹,
herausgegeben von Dietlind Kaiser

Umschlaggestaltung: Rambow, Lienemeyer, van de Sand
Satz: Fotosatz Otto Gutfreund, Darmstadt
Druck und Bindung: Clausen & Bosse, Leck
Printed in Germany
680-ISBN-3-596-28207-1

INHALT

HERBERT LICHTENFELD

Der rote Faden

An einer besonders feierlichen Stelle in der Rede von Helmut Ludewig, dem neuen Fraktionschef der PFC, hat Parteisekretärin Lisa Braun plötzlich eine Vision. Sie stellt sich vor, das kleine Fernsehgerät am Fußende ihres Bettes sei eine Kamera und übertrage die Idylle in ihrer Zwei-Zimmer-Appartementwohnung in den Plenarsaal des Landesparlaments, wo derselbe Ludewig gerade mit kämpferischer Attitüde das Rednerpult umarmt und seine Thesen zum Schutz der verheirateten Frau in der Gesellschaft verkündet. Ein köstlicher, aber auch sehr indiskreter Gedanke, daß die Abgeordneten der drei Parteien, die Zuschauer auf den Rängen und ein paar Millionen Zuschauer des Regionalprogramms Zeuge werden, ganz live sozusagen, wie er sich in ihren Kissen räkelt, Hose, Strümpfe und Unterwäsche auf dem Stuhl vorm Bett, eine Hand auf ihrem jugendlichen Busen, die andere das Cognacglas umfassend, den Blick jedoch auf die Mattscheibe, auf sich selbst gerichtet, denn in erster Linie ist er natürlich Politiker im Aufwind, er will sich einen Eindruck verschaffen, wie das ankommt, was er sagt zum Schutz der verheirateten Frau und der Familie, und da spreizt er sich gegen jede Ablenkung von außen, gegen ihr plötzliches Lachen und gegen die Hand, die sich dafür entschuldigen will, und vor allem spreizt er sich gegen jede spießige Verdächtigung, seine politischen Thesen dürften gemessen werden an dem, was er gerade tut.
Das begreift schließlich auch Lisa. Bei passender Gelegenheit wird sie sich dafür entschuldigen, kurz und spontan aufgelacht zu haben, gerade als er, eine kecke Blondlocke aus der Stirn verweisend, darauf bestand, daß Schluß sein müsse mit der Diskriminierung der Nur-Hausfrauen und Nur-Mütter. Er gibt jetzt ein Interview vor dem Parlamentsgebäude. Ob er, will der Fernsehreporter wissen, den Kurs seines Vorgängers

im Amt fortzusetzen gedenke, der ja nicht ganz so freiwillig von seinem Posten zurückgetreten sei, wie man das glauben machen möchte. Dr. Helmut Ludewig ist so ein Neuling auf der politischen Szene nicht, daß er eine falsche Tatsachenbehauptung, in eine Frage eingewickelt, schluckt. Er verwahrt sich gegen die unkorrekte Feststellung, weil Partei und Fraktionsvorstand im Einvernehmen mit Ludewigs Vorgänger beschlossen haben, eine korrekte Feststellung als unkorrekte Feststellung zurückzuweisen. Der Fernsehreporter kennt dieses Spielchen und huscht mit einem Anflug von Lächeln, das es besser weiß, zur nächsten Frage, die aber einer Tonstörung zum Opfer fällt. Helmut Ludewig richtet sich im Bett seiner Geliebten auf. Wird wenigstens seine Antwort kommen, die beste Antwort, die er je gegeben hat? Nein, die Antwort kommt nicht, es kommt für eine Minute gar nichts mehr, auch kein Bild, keine Entschuldigung für die Störung, sondern eine glückliche Hausfrau, die sich dank des richtigen Putzmittels in den Fliesen ihres Badezimmers spiegelt.
»Das kann an meinem Apparat liegen«, beschwichtigt Lisa, »er streikt manchmal.«
Aber Helmut ist schon aus dem Bett gesprungen, er will es genau wissen, trotz aller Eile weiß er jedoch, was sich gehört. Er zieht sich die Hose an, bevor er seine Frau anruft. »Ich bin hier in meinem Fraktionsbüro, Schatz, und hatte plötzlich erst Ton- und dann auch Bildausfall. War das bei dir auch so?« Seiner erfreuten Miene ist zu entnehmen, daß die beste Antwort, die er je gegeben hat, über die Sender gekommen ist. Das freut auch Lisa, weil Helmut, wenn er frustriert ist, nicht zärtlich sein mag. Nur wenn Bestätigung und Harmonie auf ihn zuströmen, kann er sich des Lebens und der Liebe freuen. Schon deshalb versagt sich Lisa jede plumpe Vertraulichkeit und kumpelhafte Anspielung angesichts seiner Behauptung, sich im Fraktionsbüro zu befinden. Auch verursacht sie keine Geräusche, die diese Behauptung widerlegen könnten, wie das Anstellen eines Plattenspielers zum Beispiel oder das geräuschvolle Einlassen von Teewasser. Die Parteisekretärin Lisa Braun wartet, bis der frischgebackene Fraktionsvorsitzende das Gespräch mit der Ehefrau beendet hat und der Geliebten zwecks Umarmung näherrückt. Erst die Arbeit, dann das Vergnügen. An diese Devise hält er sich. Wenn die Pflichten erfüllt sind, hat er auch Humor.

»Warum hast du gelacht – mitten in meiner Rede? Was war daran so komisch? Befürchtest du nicht, daß ich dich auffresse, wenn du mich als Fraktionsvorsitzenden nicht ernst nimmst?«
»Verzeih«, sagte sie, als könne ihr eine kleine erotische Bestrafung nur recht sein.
»Warum du gelacht hast, will ich wissen.«
»Ich habe mir plötzlich vorgestellt, mein Fernsehgerät sei eine Kamera, und unsere Zweisamkeit werde in den Plenarsaal und in alle Welt übertragen.«
»O Lisa«, sagte er und begann zu lachen, laut, lange und herzlich, wie einer, der sich zur rechten Zeit ganz gern mal über sich und seine Schwächen amüsiert, »du hast vielleicht eine Phantasie! Was ist denn so schlimm daran, daß meine Worte um so vieles besser sind als ich? Ich kenne mich aus im Dschungel der Familienpolitik; meine Analysen sind, wenn ich das einmal so sagen darf, brillant, und sie werden in ihrer Tendenz von der Mehrheit der Partei und der Wähler getragen – und darauf kommt es doch an, oder? Wäre dir ein treubiederer Familienpapa, der noch nicht einmal in Gedanken in Versuchung geführt wurde, aber weniger gut formulieren und argumentieren kann, als Redner lieber gewesen?«
»Nein«, erwiderte Lisa und lachte über seinen Aufwand an Ernst und verstiegener Rechtfertigung. »Als treu-biederer Familienpapa wärst du ja nicht hier bei mir.«
Einmal in Fahrt, entging Dr. Helmut Ludewig der flapsigverführerische Ton seiner Geliebten, mit dem sie sich über ihn lustig machte. Obwohl sie inzwischen mit einem Nichts von schwarzem Höschen auf dem Bett lag und die Arme einladend ausstreckte, mußte er noch ein paar Beispiele bemühen, die den Widerspruch zwischen Schein und Sein, politischer Glaubwürdigkeit und persönlichem Handeln vollends in den Bereich niederer Denkungsart verwiesen. »Ich kenne einen Lungenfacharzt, der raucht. Disqualifiziert ihn das, in der Öffentlichkeit vor der Krebsgefahr durch Nikotingenuß zu warnen? Oder der Margarinefabrikant – darf er keine Butter essen? Nur weil er fordert: Eßt Margarine! Es gibt eine höhere Gültigkeit, Lisa, einen ethisch-moralischen Anspruch, der auch dadurch nicht zu entkräften ist –«
»– daß der Verkünder dagegen verstößt!«
»Richtig! He, was ist los?«

Sie kicherte in die Kissen.
»Nimmst du mich nicht ernst?«
»Nein! Du bist wirklich zuuu komisch! Warum erzählst du mir das alles?« Sie fing sich nicht wieder vor Lachen. »Das kannst du dir doch für den Augenblick aufheben, wo deine Frau hinter unser Verhältnis kommt und wissen will –«
»Lisa, bitte – das ist zu platt«, beschwerte er sich, von ihrem Gelächter allerdings schon angesteckt.
»– wie du das vereinbarst, wie du das – platt oder nicht platt – miteinander vereinbarst – O Gott, ich ersticke noch vor Lachen – im Bett der Geliebten voller Ergriffenheit den eigenen Thesen zu lauschen...und wie du sagst: ›Lisa, bitte, das ist zu platt!‹«
Sie beruhigte sich wieder und sah ihn aufgelöst und unschuldig an.
»Jetzt kannst du dich aber auf was gefaßt machen«, sagte er und legte sich zu ihr.
Sie nickte. »Ich freue mich schon drauf. Musik?«
»Ja.«
Sie wälzte sich zur Seite und legte den Tonarm auf die Vivaldi-Platte.
»Hör mal zu«, sagte er, »bis jetzt bist du die Sekretärin, die mal für diesen, mal für jenen Abgeordneten Briefe oder Berichte tippt. Wenn du die Sekretärin des Fraktionsvorsitzenden werden willst, mußt du alle Hemmungen fallenlassen.«
»Habe ich denn welche?«
»Das hoffe ich doch.«
»Eine interessante Konversation. Gehst du jetzt Punkt für Punkt der Tagesordnung durch wie vor einer Parteiversammlung?«
»Daß du dich nicht fürchtest!«
»Vor wem? Vor dir?« Sie angelte sich eine Praline aus der Schachtel auf dem Wandregal und aß sie gelangweilt.
»Vor wem denn sonst? Du weißt doch, wie ich deine Frechheiten zu beantworten pflege.«
»Dann will ich mal nicht noch frecher werden, sonst überlebst du es womöglich nicht.«
Das reichte ihm. Zu einem Zeitpunkt, wo er nur noch vier Stunden zu leben hatte, fiel er mit seiner ganzen Gesundheit über sie her. Es war ja auch nicht Lisa, die ihm nach dem Leben trachtete. Der Mörder, der noch keiner war und eigentlich

auch keiner werden wollte, saß auf einer Bank in den Grünanlagen und ließ den Eingang zu dem großen Appartementhaus nicht aus den Augen. Es war ihm recht, wenn es dunkler wurde, ehe Ludewig zurückkam und zu seinem Wagen ging. Jetzt waren noch zu viele Menschen unterwegs.

Zu den Menschen, die noch unterwegs waren, gehörte die fünfzehnjährige Christa Ludewig, die mit ihrer Freundin von einem Schulsportfest kam und ihr Fahrrad abbremste, weil sie das Auto ihres Vaters vor dem Appartementhaus parken sah.
»He, warte mal!« rief sie ihrer Freundin zu.
»Was ist denn?«
»Das Auto meines Vaters!«
»Na, und?«
»Was macht er denn hier?«
»Du bist gut. Wie soll ich das denn wissen? Außerdem dürfte dein Vater wohl nicht der einzige sein, der einen schwarzen Saab-Turbo fährt!«
»Aber der einzige mit dem Kennzeichen eins-zwei-drei-vier, du Intelligenzbestie.« Christa stellte ihr Fahrrad ab, ging zu dem Wagen und prüfte, ob er abgeschlossen war, was mit einiger Verwunderung auch von dem jungen Mann, der auf der Bank in den Grünanlagen saß, zur Kenntnis genommen wurde. Christa dagegen nahm zwar das Motorrad zur Kenntnis, das ein Stück vom Wagen ihres Vaters entfernt abgestellt war, aber nicht den jungen Mann, dem es gehörte. Sie ging zu ihrer Freundin zurück.
»Glaubst du, dein Vater schließt nicht ab?« fragte die Freundin, vom sportlichen Wettkampf noch verschwitzt.
»Doch. Aber ich dachte, das Auto sei ihm vielleicht geklaut worden, weil es hier steht.«
»Vom Parkplatz der Landesregierung?«
»Na ja, schon gut, ist ja auch egal.«
So egal war es Christa aber nicht, daß sie nicht gleich nach der Bekanntgabe des 11:9-Handballsieges die Information hätte loswerden müssen, sie habe Papas Auto vor dem Hochhaus an der Kärtnerstraße gesehen.
»Dann wird er wohl dort in der Nähe zu tun haben«, erwiderte Frau Ludewig, die sich natürlich leicht ausrechnen konnte, daß ihr Mann in der Dreiviertelstunde, die seit seinem Anruf

vergangen war, nicht vom Parlament, das außerhalb der Stadt lag, zur Kärtnerstraße gefahren sein konnte.

»Wie hat er denn abgeschnitten?«

»Sehr gut, zwei Gegenstimmen, eine Enthaltung. Wasch dich, wir essen gleich, du bist ja ganz verschwitzt.«

»Geht er fremd?«

»Was?? Spinnst du, sag mal?«

»Er sieht gut aus und ist erfolgreich. Da soll so was öfters vorkommen. Was macht er denn in der Kärtnerstraße?«

»Frag ihn selbst, aber nerve mich nicht mit deinen Albernheiten, ja? Ich muß das Baby versorgen.«

Während Frau Ludewig ihr Baby, den Nachzügler, den sie mit achtunddreißig noch bekommen hatte, versorgte und Christa nebenan unter der Dusche stand, faßte sie den Entschluß, zur Kärtnerstraße zu fahren, obwohl das eigentlich sinnlos war. Daß er sie betrog, wußte sie, seitdem sie seine Strümpfe mit einem Wollfaden markierte; mehr als einmal war der Faden früh rechts und abends links gewesen, was plausibel zu erklären ihm sicher schwergefallen wäre, wenn sie ihn darauf angesprochen hätte. Sie verzichtete darauf. Ihr Trick war so würdelos wie seine Abenteuer. Und wenn sie ihn jetzt in einer eindeutigen Situation ertappte, lief sie nur Gefahr, das, was sie wußte, aber eigentlich nicht wissen wollte, nicht verkraften zu können.

Sie beauftragte Christa, für eine Stunde das Baby zu hüten, und fuhrt trotzdem. Daß es – wenn überhaupt – nur unangenehme Folgen haben konnte, wußte sie. Unschlüssig stand sie vor dem Wagen ihres Mannes und tat – zum Erstaunen des Mörders, der hinter den Büschen der Grünanlage saß – dasselbe wie vor zwei Stunden ihre Tochter: sie prüfte, ob die Türen verschlossen waren. Erst dann ging sie, einer Eingebung folgend, zur Haustür und studierte die Namenschilder. Er war also bei Lisa Braun, seiner Sekretärin. Lisa Braun, das wußte sie von Helmut, war mit dem Vorsitzenden der PFC-Jugendorganisation verlobt; möglich, daß sie zu dritt oben saßen, zu dritt, viert oder fünft, es standen noch andere gewichtige Autos auf dem Vorplatz. Frau Ludewig beeilte sich, die Stätte, die ihr ein schlechtes Gewissen verursachte, schnell wieder zu verlassen, sie setzte zurück, streifte um ein Haar ein in der Dunkelheit abgestelltes Motorrad – der junge Mann in der Grünanlage sprang entsetzt auf – und fuhr wieder nach Hause.

Zu diesem Zeitpunkt stand der Fraktionsvorsitzende unter der Dusche in Lisas Badezimmer und summte ein albernes Lied.
Lisa kam herein und fragte, was es mit dem roten Wollfaden in seinem Strumpf auf sich habe. Er lachte nur.
»Du, vielleicht will dich deine Frau testen! Wenn du keinen Ärger haben willst, ziehe Schuhe und Strümpfe besser aus, wenn sie nicht dabei ist!«
»Jaja«, schnaufte er desinteressiert unter dem Strahl der Dusche, als ahne er schon, daß er nicht mehr dazu kommen werde, Schuhe und Strümpfe wieder auszuziehen.
Karsten Lehn – so hieß der angehende Mörder in der Grünanlage – befürchtete zu diesem Zeitpunkt schon, Dr. Helmut Ludewig werde in dieser Nacht gar nicht mehr zu seinem Wagen zurückgehen, er wohne womöglich hier und werde erst bei Tageslicht, wenn die Straße voller Menschen war, wiederauftauchen. Er blickte auf die Uhr und beschloß: noch eine halbe Stunde, aber nicht länger.
Achtundzwanzig Minuten dieser halben Stunde waren vergangen, als oben im achten Stock Dr. Helmut Ludewig Abschied von seiner Geliebten nahm und sich den Hausschlüssel geben ließ, den er dann unten in ihren Briefkasten warf; Lisa schätzte es nicht, sich noch einmal anziehen zu müssen, nur um ihn zur Haustür bringen zu können. Gegen ihre sonstige Gewohnheit betrat sie diesmal nicht einmal den Balkon, um ihm nachzuwinken, denn der hing voller Wäsche, die sie vergessen hatte abzunehmen. Eine derartige Banalität war es, die sie daran hinderte, Zeuge der Entführung zu werden und die Polizei anzurufen.
Es ging allerdings auch sehr schnell und undramatisch. Karsten Lehn kam wie ein zufälliger Passant aus der Dunkelheit, als Ludewig seinen Wagen aufschloß, hielt ihm einen Revolver unter die Nase und zwängte sich auf den Rücksitz. »Los, abfahren, keine Zicken, sonst knallt's!« befahl er, und in seiner Stimme war mehr Angst als in der von Ludewig, der zurückfragte: »Was soll denn der Unsinn?«
»Immer geradeaus.«
»Kenne ich Sie?«
»Klappe halten. Die nächste rechts.«
»Ich kenne Sie, aber ich weiß nicht gleich, woher. Na, das fällt mir sicher noch ein.« Angesichts der Situation, in der Lude-

wig sich befand, war das keine sehr kluge Bemerkung. Aus Angst, überführt zu werden, konnte der Mann, der vielleicht nur ein Auto oder Geld brauchte, sich zu einer Gewalttat provoziert fühlen. Ludewig korrigierte sich eilig: »Nein, Irrtum! Ich kenne Sie nicht!« aber das war schon mehr ein Ausdruck seiner Verzweiflung als glaubhaft. Gehorsam schwenkte Ludewig nach rechts ein, in eine schwachbeleuchtete Industriestraße, die zu einem stillgelegten Güterbahnhof führte.
»Anhalten. Licht machen.«
Ludewig hielt und schaltete die Innenbeleuchtung ein.
»Na, und jetzt?«
»Was jetzt?«
»Wissen Sie jetzt, woher Sie mich kennen?«
»Nein.«
»Ich hab Sie bedient, vorige Woche, beim Ortsvereinsfest in der ›Eiche‹ in Willschau.«
»Ja«, entfuhr es Ludewig erleichtert, »mein Gott, was ist denn los mit Ihnen! Sie werden sich doch nicht unglücklich machen wollen?«
»Wieso das denn? Ich poliere Ihnen nur die Fresse, und wenn Sie mich anzeigen, werden *Sie* unglücklich, nicht ich. Vor Gericht würde ich nämlich mit Sicherheit gefragt, warum ich Sie verdroschen habe.«
»Und was würden Sie dann antworten?« fragte Ludewig mit trockener Zunge und trockenem Gaumen.
»Bella«, antwortete der Dicke im Fond.
»Bella?«
»Ja, Bella, meine Braut.«
»War das die Bedienung, die die Getränke –«
»Ganz richtig, du alte Sau.«
»Dann kann ich ja nur hoffen, daß sie zugegeben hat, daß ich –«
»Was?«
»– daß ich sie weder vergewaltigt noch überhaupt die Initiative ergriffen habe – und daß ich auch nicht wissen konnte, daß sie in festen Händen ist ... Sie war, na ja, sie war einverstanden!«
»Was erzählst du da, du alte Drecksau? *Einverstanden?* Bella und einverstanden?«
Ludewig beging seinen zweiten Fehler. Er bestand darauf, daß es so gewesen war. »Wie hätte ich denn ihr Zimmer finden

sollen, wenn sie mir im Vorübergehen nicht zugeflüstert hätte: Oberes Stockwerk, erste Tür links, hm?«
»Steig aus.«
Ludewig tappte in die Dunkelheit. An Flucht dachte er nicht einmal. Er war wie gelähmt. Außerdem vertraute er seiner politisch geschulten Fähigkeit, Sachzusammenhänge klarzustellen und unrichtige Gedankenketten per Logik in die richtige Reihenfolge zu bringen. Daß er bei einem schlichten Gemüt wie Karsten Lehn damit an der falschen Adresse war, dämmerte ihm erst, als dieser mit erhobener Waffe auf ihn zukam. »Mann!« schrie er entnervt, »sie hat mich eingeladen, verstehst du? Wer bin ich denn, daß ich dir eine Kellnerin wegnehme? Das ist doch keine Frau wert, daß man sich –«
Zwei Schüsse beendeten seine Argumente. Karsten Lehn war selber erstaunt, daß ein Erschossener nicht weiterreden konnte; noch erstaunter war er, daß er überhaupt geschossen hatte. Dann fiel es ihm jedoch wieder ein. »Daß ich dir eine *Kellnerin* wegnehme«, hatte er gesagt, und daß keine Frau es wert sei, daß man sich – was??? So aufregt? So leidet?
»Erst zu ihr ins Bett kriechen und dann auch noch beleidigen«, beklagte sich Karsten Lehn bei dem Erschossenen, der mit dem Gesicht in einen Wassergraben gefallen war. Dann benutzte er dessen Wagen, um wieder zur Kärtnerstraße zurückzufahren. Dort stand ja noch sein Motorrad.
Wäre er auch nur eine Minute früher auf dem Platz vor dem Appartementhochhaus eingetroffen, wäre es zu einer dramatischen Begegnung mit ungewissem Ausgang gekommen. Frau Ludewig war nämlich zum zweitenmal zu dieser Stelle gefahren, weil sie unruhig geworden war; später als Mitternacht pflegte ihr Mann nie nach Hause zu kommen, ohne ausdrücklich Bescheid zu sagen. Da der Wagen weg war, wähnte sie ihren Mann inzwischen zu Hause. Da war er aber nicht. Nachdem sie sich von dieser Überraschung erholt hatte, fand sie einen einleuchtenden Vorwand, bei Lisa Braun anzurufen. Ihr Mann sei nicht nach Hause gekommen, ob innerhalb der Fraktion vielleicht noch irgendwo gefeiert werde. Lisa Braun war jedoch inzwischen nach unten gefahren, um sich noch eine Schachtel Zigaretten aus dem Automaten zu ziehen. Bei dieser Gelegenheit sah sie zu ihrem großen Erstaunen Ludewigs Wagen stehen, der inzwischen von Karsten Lehn zurückgebracht worden war. Er war abgeschlossen und unbeschä-

digt. Wenn sie ihn sich genauer angesehen hätte, wäre ihr aufgefallen, daß er stark verschmutzt, inzwischen also gefahren worden war, und sie hätte sich nicht so schnell mit der Vermutung zufriedengegeben, Ludewig habe das Fahrzeug nicht in Gang bekommen und ein Taxi benutzt oder aber eine in der Nähe gelegene Kneipe aufgesucht und das Auto inzwischen hier stehenlassen. Frau Ludewig anzurufen, weil ihr trotz aller plausiblen Erklärungen nicht ganz wohl war, verwarf sie wieder, weil sie befürchtete, ganz unnötig und von falschen Voraussetzungen ausgehend eine Familientragödie zu inszenieren. Frau Ludewig wiederum hatte einfach genug von ihren sinnlosen nächtlichen Unternehmungen; da der Wagen weg war und Lisa Braun sich nicht meldete, folgerte sie, sie seien zusammen weggefahren, wollten das Wochenende gemeinsam verbringen. Wenn er, wann auch immer, zurückkam und nicht mit der Mitteilung herausrückte, daß er sich scheiden lassen wollte, würde sie es ihm vorschlagen. Sie war nicht bereit, sich noch länger seelisch mißhandeln zu lassen.

»Warst du bei einer anderen?« erkundigte sich Bella mit fröhlicher Tücke, als Karsten das Licht anknipste. Sie lag in seinem Bett, lutschte Lakritzbonbons und machte ganz den Eindruck, als wolle sie seine Antwort, ganz gleich, wie sie ausfiel, einem praktischen Test unterziehen.
»Ja, verschwinde, ich bin hundemüde«, knurrte er und zog seine Motorradkluft aus. »Was willst'n überhaupt hier?«
»Dreimal darfst du raten. Wenn du jetzt bei einer andern warst, ist doch alles wieder okay zwischen uns. Oder schaffst du es nicht?«
»Mir gefällt dein Gequatsche nicht. Gehört sich nicht für ein anständiges Mädchen.«
Sie lachte aufreizend. »Wenn du jetzt bei einer anderen warst, bist du ja auch kein anständiger Kerl. Das gleicht sich aus. Irgendwie macht mich das sogar an. Dich nicht? Ich weiß ja sowieso nicht, was Anständigkeit im Bett zu suchen hat.«
Er kickte einen Stiefel wütend gegen die Kommode. »So redest du nicht mit mir, klar? Meine Kinder sollen dich mal ansehn können als Mutter. An meiner Frau, wenn du die mal werden willst, ist nichts Fieses, nichts Nuttenhaftes, eher was Heiliges.«
»Soso«, erwiderte sie, tiefe Nachdenklichkeit vortäuschend,

»und wie geht es nun weiter? Bumst du mich oder hast du mich schon heiliggesprochen?«
»Du weißt ja nicht, was du sagst«, erwiderte er kläglich und dachte an den Toten, der mit dem Gesicht im Wassergraben lag. Seltsamerweise war es Karsten gelungen, sich einzureden, Dr. Ludewig habe seine Bella vergewaltigt. Jetzt fiel ihm ein, daß Bella vor hysterischer Begeisterung gelacht hatte, als er in einfältiger Ahnungslosigkeit die Tür zu ihrem Zimmer aufgerissen hatte, um nachzusehen, was das Gestöhne zu bedeuten hatte. Genaugenommen verdiente es Bella, mit dem Gesicht in einem Wassergraben zu liegen. Aber weil er glaubte, sie liebe ihn, hielt er es für eine härtere Strafe, sie seinerseits zu betrügen. Das hatte er ihr auch angekündigt, aber nicht vollziehen können. Mord ja, Bella betrügen nein. Das einzugestehen, hielt er freilich für unmännlich.
»Willst du auf deinem Stuhl einschlafen?« fragte Bella.
»Ich liebe dich doch«, erklärte Karsten weinerlich. »Da kann ich es nicht verstehen, wenn du so ordinär daherredest. Und du müßtest auch traurig sein, daß ich jetzt bei einer anderen war. Ich bin nämlich selber traurig. Du und ich – das reicht doch.«
»Wenn es öfter passiert, sicher.«
Seine Unschuld hatte – im Gegensatz zu Bella – keinen doppelten Boden. Einen Menschen zu erschießen – zumal einen Menschen, der sein Gesicht in Bellas Schoß vergraben hatte – erweckte in ihm nicht annähernd so viele Schuldgefühle wie die bloße Aussicht, eine Frau sexuell zu überfordern und damit zu erniedrigen. »Du – du möchtest öfter? Das habe ich nicht gewußt... Ich möchte ja auch öfter, aber ich bin ja auch ein Mann.«
Bella lachte. »Na gut. Nun haben wir das ja richtiggestellt. Du brauchst zu keiner anderen zu gehen und ich mir keinen Gast anzulachen. Was ist denn das für ein Autoschlüssel?«
»Wo?«
»Na, in deiner Hand.«
So ein leichtfertiger Dummkopf war er nun. Wurde rot und lachte dämlich, stammelte: »Hat ein Gast verloren. Unten auf dem Parkplatz.«
»Und den Koffer auch?« fragte Bella.
»Was für einen Koffer denn?«
»Na, den kleinen Lederkoffer, den du in den Schuppen ge bracht hast, bevor du ins Haus gekommen bist.«

»Hast du am Fenster gestanden?«
»Na klar, ich hab doch voll Ungeduld auf dich gewartet. Hast du deiner neuen Freundin als erstes gleich die Autoschlüssel und einen Koffer geklaut? He he, das ist doch Spaß, da brauchst du doch nicht gleich rote Ohren zu bekommen, sonst muß ich ja glauben, ich habe unfreiwillig ins Schwarze getroffen.«
»Hast du«, keuchte er. »Ich kann damit sowieso nicht alleine fertig werden. Er ist tot.«
»Wer?«
»Der Kerl. Der bei dir war. Der Politiker. Ich wollte ihn nur verprügeln, aber er hat dich beleidigt.«
Sie sah ihn keineswegs so entsetzt an, wie er befürchtet hatte. »Das ist ja stark«, murmelte sie. »Weil er mich beleidigt hat, bringst du ihn gleich um!«
»Eine *Kellnerin* hat er gesagt. Weil du eine Kellnerin bist, ist die ganze Aufregung überflüssig. Jemand anderes, ja, für eine Dame oder den Teufel weiß was, da hätte ich ihn zur Rechenschaft ziehen können, aber nicht für eine Kellnerin. Und dann hat er gesagt, es sei von dir ausgegangen.«
Er schien nicht darauf zu bestehen, daß sie das dementierte. Es war ihm jetzt wohl egal, wer wen zum Beischlaf ermuntert hatte. Daß er bis aufs Blut gereizt worden war, darauf kam es ihm an. Daß er, so oder so, Anlaß gehabt hatte durchzudrehen.
»Das ist echt stark«, wiederholte Bella, »das hätte ich dir gar nicht zugetraut.« Und wieder klang es eher nach Anerkennung als nach Tadel. »Dann mußt du ja wirklich verdammt viel für mich übrig haben.«
»Hab ich auch. Ich bereue es auch nicht. Nicht sehr jedenfalls. Und deine Reaktion ist prima, muß ich ehrlich sagen. Gefällt mir. Weil er dir nicht leid tut. Hätte ja auch sein können, daß eine gewisse Zuneigung im Spiel war deinerseits. So aber habe ich es auch für dich getan, weil du eine Schande nicht auf dir sitzen läßt.«
»Ja«, murmelte Bella, »und es hat auch niemand was bemerkt? Es hat dich keiner gesehen?«
»Nein. Nicht direkt. Und du würdest ja auch sagen, daß ich den ganzen Abend mit dir zusammen war.«
»Sicher tu ich das. Besonders wenn du mich heiratest und ich mal aus dem Schlamassel rauskomme. Das hast du ja ganz

richtig erkannt, daß ich keine gewöhnliche Kellnerin bin, sondern eine angehende Chefin. Sag's auch deinem Vater, damit er das notariell regelt, wegen der Erbschaft und so. Das Gasthaus gehört zur Hälfte dir und zur Hälfte mir. Das ist dann eine richtige unauflösliche Gemeinschaft.«
»Ja«, sagte Karsten und kroch zu Bella ins Bett, zufrieden, ahnungslos und sehr müde.

Am nächsten Morgen glaubte Ingrid Ludewig nicht mehr, daß ihr Mann mit Lisa Braun zu einem anonymen Wochenendvergnügen gefahren war, denn innerhalb weniger Minuten fragten zunächst PFC-Parteisprecher Mühlmann, später der Landesvorsitzende Sigmund Vogt höchstpersönlich telefonisch an, was Helmut Ludewig daran hindere, zu der vereinbarten interfraktionellen Besprechung zu kommen.
»Ich weiß es nicht«, antwortete Ingrid Ludewig wahrheitsgemäß.
»Was heißt das denn, Sie wissen es nicht? Ist er über Nacht denn nicht zu Hause gewesen?«
»Nein.«
Die Pause, die Vogt einlegte, konnte nur als Fassungslosigkeit verstanden werden – oder als Zweifel an Ingrids geistiger Präsenz. »Und da haben Sie sich keine Sorgen gemacht?«
»Doch.«
»Aber?«
Ingrid fand einen respektablen Weg aus ihrem Dilemma. »Helmut rief mich gestern abend an und teilte mir mit, daß im kleinen Kreis bei seiner Sekretärin gefeiert werde. Vielleicht kann Frau Braun Ihnen weiterhelfen.«
»Ja, gut.«
Vogt legte auf und rief nach fünf Minuten zurück. »Bei Frau Braun war er bis gegen dreiundzwanzig Uhr, dann ist er abgefahren. Sein Wagen steht aber jetzt noch vor der Haustür.«
»So.«
»Entschuldigen Sie, Frau Ludewig – aber beunruhigt Sie denn das alles gar nicht?«
»Der Wagen stand gegen Mitternacht nicht mehr vor der Haustür.«
»Nein?« Pause. Getuschel. »Hören Sie, Frau Ludewig, Frau Braun ist kurz nach Mitternacht zum Zigarettenautomaten gegangen, da stand der Wagen aber noch da.«

»Dann stand er wieder da, nicht noch.«
Vogt begann sich aufzuregen. »Noch oder wieder – was spielt das schon für eine Rolle. Jetzt steht er jedenfalls noch da. Stark verschmutzt. Frau Braun hat ihn inzwischen bei Tageslicht gesehen. Warum sollte Ihr Mann eine Spritztour durch eine schlammige Gegend unternehmen, den Wagen zur Kärtnerstraße zurückfahren und sich dann in Luft auflösen?«
»Ich weiß es nicht.«
Vogt stöhnte. »Verzeihung, Frau Ludewig, Sie haben mir zunächst auf eine recht merkwürdige Art verschwiegen, daß Sie in der Kärtnerstraße gewesen sind. Wenn es stimmt, daß Sie den Wagen Ihres Mannes *nicht* gesehen haben, warum haben Sie dann nicht uns oder die Polizei alarmiert? Wo sollte Ihr Mann um diese Zeit denn noch hingefahren sein?«
»Ich rief Frau Braun an. Sie war nicht da. Daraus können Sie folgern, was ich gedacht habe.«
»Ja. Aber es ist eine verkehrte Folgerung. Frau Braun war die ganze Nacht da – bis auf die zwei, drei Minuten, wo sie zum Zigarettenautomaten gegangen ist. Frau Braun ist übrigens inzwischen hier eingetroffen und nickt mir zu. Wenn ich Sie also bitten dürfte, sich nicht in falsche Vermutungen hineinzusteigern, die dem Ernst der Lage nicht angemessen sind.«
»Ach Gott«, seufzte Ingrid deplaziert – und korrigierte sich konfus: »Und ich dachte, ich bin besonders taktvoll.«
»Schon gut. Ich verstehe, jaja, doch, ich verstehe das gut. Wir bleiben in Verbindung, ja?«
Ingrid sah sich mit ihrer Tochter konfrontiert, nachdem sie aufgelegt hatte. Sie war noch vom Schlaf verstrubbelt, biß in einen Keks und fragte: »Wo ist denn Papa?«
»Wenn ich's nur wüßte.«
»Du bist in der Nacht noch mal zur Kärtnerstraße gefahren, nicht wahr?«
»Ja. Aber da war er weg. Zumindest sein Auto war weg. Jetzt steht es aber wieder dort, nur von Papa fehlt jede Spur.«
»Machst du dir Sorgen?«
»Ja. Die Partei läßt er ohne Not nie im Stich, und schon gar nicht am Tag nach seiner Wahl zum Fraktionsvorsitzenden. Der Parteichef hat eben angerufen, weil Papa nicht zur Besprechung erschienen ist.«
Ingrid nahm das schreiende Baby auf den Arm, setzte sich, öffnete ihre Bluse und gab ihm die Brust. Christa mußte

lachen, weil es so schmatzte. Sie hörte aber auf zu lachen, als sie die Tränen auf den Wangen ihrer Mutter sah. Ingrid weinte lautlos, und lautlos weinend und mit dem Baby an der Brust ging sie auch zum Telefon, als es wieder läutete.

Es war wieder Vogt, diesmal ohne Gereiztheit in der Stimme.

»Können wir einen Wagen vorbeischicken, Frau Ludewig? Wir möchten Sie gerne abholen lassen.«

»Im Parteibüro kann ich doch auch nichts ausrichten.«

»Wir fahren alle zum alten Industrieweg, Frau Ludewig. Dort ist ihr Mann gefunden worden... Sehen Sie, ich bin selber nicht gefaßt und muß Sie bitten, gefaßt zu sein.«

»Er ist tot?«

»Ja. Erschossen. Ein Attentat. Kommen Sie?«

»Ja.«

Sie hatten dem Toten die Schuhe ausgezogen, und nun – es war unverzeihlich, starrte sie immer nur auf den roten Wollfaden am Strumpf seines rechten Fußes. Dort hatte er nichts zu suchen. Gestern früh hatte sich dieser Strumpf an seinem linken Fuß befunden. Ingrid war, von einem ganzen Rudel von Polizeibeamten abgesehen, die einzige, die überhaupt so nahe an die Leiche herandurfte, und auch das nur auf einem provisorisch ausgelegten Brett, weil sonst Spuren verwischt werden konnten. Ingrid Ludewig sagte: »Ja, das ist mein Mann!«, weil nur sie berechtigt war, ihn zu identifizieren; die anderen Herren von der Partei, die ihn ja auch ganz gut kannten, und Lisa Braun, die unaufhörlich in ein Taschentuch schluchzte, waren nicht berechtigt, die Feststellung zu treffen, daß dieser Tote der PFC-Fraktionsvorsitzende Dr. Helmut Ludewig war. Ingrid Ludewig aber konnte ihn immerhin sogar auf Grund eines roten Wollfädchens an der Socke identifizieren, sie brauchte nicht in sein Gesicht zu blicken, das im Wasser gelegen hatte und zur Grimasse aufgedunsen war. Die Trauer orientiert sich gern am Ausmaß der Zuwendung, die ein Verstorbener zuletzt dahin oder dorthin verschwendet hat, und so ist es kein Wunder, daß Lisa Braun herzzerbrechend weint und schluchzt, während die Ehefrau reichlich belämmert dasteht mit ihrem zusammengeschmolzenen Vorrat an Fähigkeit zum Herzeleid.

Natürlich, natürlich, die Herren von der Kriminalpolizei und vom Staatsschutz nehmen solche Unterschiede durchaus zur Kenntnis, deshalb gehen sie ja auch in allen Kriminalroma-

nen und -filmen so gern zur Beerdigung; wer am meisten weint, war es nicht. Im Augenblick streiten sich Kripochef Schell und Staatsschutzchef Merck allerdings noch um die Kompetenzen, um die Zuständigkeit hinsichtlich der Spurensicherung, der Ermittlungsarbeit und der Fahndung. Partei-Landeschef Vogt und sein Anhang favorisieren den Staatsschutz, nicht unbedingt, weil dieser die besseren Beamten hat, sondern weil alles andere als ein politisches Attentat für sie nicht in Frage kommt. Kripochef Schell meldet – diskret natürlich, denn eine Familienangehörige ist ja noch am Tatort – Bedenken an. »So arbeiten doch keine Profis aus der terroristischen Szene. Weder in der Methodik noch in der Ausführung. Allein die Tatsache, daß der Wagen zur Kärtnerstraße zurückgefahren wurde, beweist einen Schwachsinn, den sich selbst terroristische Anfänger nicht zuschulden kommen lassen. Hier liegt eine Beziehungs- oder Raubtat vor. – Was fehlt denn eigentlich?«
»Ein Koffer mit Parteipapieren, ziemlich geheim«, antwortete PFC-Chef Vogt zerknirscht.
»Na also, da haben Sie es«, trumpfte Staatsschutzchef Merck auf. »Wer raubt denn geheime Parteiakten, wenn nicht der politische Untergrund? Okay, okay, ermitteln wir vorerst gemeinsam, bis sich Konturen abzeichnen, und dann soll der Justizminister entscheiden.« Merck ging dabei davon aus, daß der Justizminister schon die richtige Entscheidung treffen werde; er gehörte, wie Merck selbst, der PFC an. Gerüchte um Ludewigs Frauengeschichten, die allen in der Parteispitze schon zu Ohren gekommen waren, galt es dabei herunterzuspielen, wenn nicht alles in ein parteischädigendes Fahrwasser geraten sollte. In zwei Monaten waren Landtagswahlen. Ein Attentat konnte nützen, ein privater Racheakt, womöglich aus dem Trivialbereich der Leidenschaften, schaden.
Bevor Ingrid Ludewig die Heimfahrt antreten konnte, wurden in einem Polizeifahrzeug ihre Fingerabdrücke abgenommen. Das fand sie beinahe erheiternd. Bis der Beamte ihr erklärte, daß es sich nur darum handelte, aussortieren zu können, wenn im Auto ihres Mannes die große Spurensuche begann.
»Was für eine Erleichterung für mich«, spottete sie aus einer für sie selbst unergründlichen Gemütslage. »Ich befürchtete schon, ich werde verdächtigt, meinem Mann vor der Kärtner-

straße aufgelauert, ihn überwältigt und am Güterbahnhof erschossen zu haben.«
Der Beamte fand das gar nicht lustig und reagierte verständnislos.
»Ich hab da vorhin so etwas von Beziehungstat aufgeschnappt«, erläuterte Ingrid.
»Wir wissen noch gar nichts, Frau Ludewig«, erwiderte der Beamte verstimmt. »Die Vernehmungen beginnen ja erst, und dann können Sie sich, wenn es Ihnen Spaß macht, mit solchen Bemerkungen auch selbst belasten.«
»Sie sind ein Idiot«, sagte Ingrid Ludewig zu ihrem eigenen großen Erstaunen. Der Beamte schluckte nur, meldete aber alles seinem Vorgesetzten, dem Kripochef Schell.

Am Nachmittag kamen Parteichef Vogt, Sprecher Mühlmann und zwei höhere Staatsschutzbeamte – unter ihnen Merck – und überreichten, nunmehr offiziell, Blumen und Mitgefühl. Der Vorgang entbehrte nicht einer gewissen Komik, weil das Baby schrie, und Politiker können mit Babys erstaunlich wenig anfangen, wenn sie nicht gerade auf Volksfesten als Sympathiebeweis dargereicht und launig betätschelt werden können. Mangels einer freien Hand – in der anderen hatte Ingrid eine Windel – legte Vogt die Blumen auf den Küchentisch, stammelte etwas von den peinlichen Unannehmlichkeiten, die den tragischen Todesfall begleiteten, und kam zur Sache: Helmut Ludewigs Schreibtisch wünschten die Herren zu inspizieren.
»Weil«, erklärte Mühlmann, »Parteiunterlagen darin vermutet werden können. Es gilt, Aufschluß zu bekommen, was alles in dem Aktenkoffer war, den er bei sich hatte und der gestohlen wurde. Sie dürfen natürlich dabeisein.«
»Danke. Wenn ich nicht muß, lieber nicht.«
Merck dünkte diese Haltung ungewöhnlich. »Sehen Sie, Frau Ludewig, in einem Schreibtisch können sich ja auch Dinge aus dem privaten Bereich befinden und –«
»Das ist ja gerade der Grund, weshalb ich nicht dabeisein möchte. Ich habe es für richtig gehalten, das auszusortieren. Pornographische Literatur und Bildwerke, auch einige Privataufnahmen mit Polaroidkameras, leicht oder gar nicht bekleidete Freundinnen darstellend, befinden sich alle im unteren Schubfach... zum Schutz der Familie, wenn ich das in

meiner ungeschickten Anzüglichkeit so sagen darf. In Wirklichkeit will ich natürlich nur nicht, daß Sie erschrecken. Weil auch ein paar Aufnahmen von Lisa Braun dabei sind. Recht hübsch sogar. Sie werden das ja zu untersuchen haben, weil es für die Ermittlungen wichtig sein kann. Nur bin ich, wie gesagt, nicht gern dabei. Ich traue Ihnen jedoch vollkommen. Ich meine, es wird nichts in falsche Hände gelangen, weil sonst die Partei nur Schaden nähme.«

Das Baby, immer noch auf ihrem Arm, hatte längst zu weinen aufgehört. Jetzt gluckste es vor Vergnügen, als genieße es freudig die allgemeine Betretenheit der vier gewichtigen Männer.

»Frau Ludewig«, sagte Mühlmann im Tonfall eines Nachrufs, »im ersten Schmerz neigt man leicht zu extremen Reaktionen, zu Überbewertungen. Nicht nur die Partei soll keinen Schaden davontragen, auch Sie nicht. Es ist uns ja allen mehr oder minder Menschliches nicht fremd. Versagen wir uns kleinliche Denkungsweisen doch angesichts des Todes eines unstrittig bedeutenden Menschen!«

»Ach ja, das geht auch«, erwiderte Ingrid, die seelisch irgendwie immer noch von der Rolle war. »Möchten Sie einen Kaffee?«

»Danke, nein«, antwortete Vogt, der Ingrid Ludewigs kindische Euphorie noch am ehesten als Signal eines nicht überwundenen Schocks zu diagnostizieren wußte. »Falls Sie wegen der vielen Formalitäten und Belastungen Hilfe brauchen, wird die Partei sie Ihnen geben. Dürfen wir jetzt –?«

Ingrid nickte und führte die Herren ins Arbeitszimmer ihres Mannes, wo der Schreibtisch stand, dessen Inhalt es zu inspizieren galt.

Nach zehn Minuten kamen sie unverrichteterdinge zurück, ohne etwas konfisziert zu haben, und sie verabschiedeten sich, außer Merck, der noch um eine Befragung bat. Er stellte zunächst klar, daß nichts mitgenommen worden war, auch nicht aus Helmuts Intimsphäre.

»Nein?« wunderte sich Ingrid. »Lassen sich denn aus diesem oder jenem Foto nicht Rückschlüsse auf den Täter ziehen?«

»Danach sieht es nicht aus«, erwiderte Merck ein wenig verunsichert. Und fast ein wenig ärgerlich fügte er hinzu: »Wir wollen das Privatleben Ihres Mannes nicht unnötig auseinandernehmen. Dieser Mordanschlag hat ein anderes Niveau. Ich

hoffe, daß das sowohl Ihnen ganz privat wie auch dem Staat und seinen politischen Organisationen gleichermaßen nur recht sein kann. Die Dinge, die Sie vorhin als einigermaßen peinlich erwähnten, werden ja durch Sie nicht in falsche Hände kommen.«
»Gewiß nicht. Ich habe eine Tochter von fünfzehn, für die ihr Vater ein feiner Mensch war.«
Merck ignorierte verdrossen die Ironie und Bitterkeit, die in solchen Sätzen mitgeliefert wurde, und fragte nach dem Motorrad, das sie beim Wenden vor dem Hochhaus Kärtnerstraße beinahe angefahren hätte.
»Ein Motorrad?«
»Ja, dem Hausmeister ist ein Motorrad aufgefallen, das vom späten Nachmittag bis gegen Mitternacht auf dem Vorplatz gestanden hat. Einem Hausbewohner, meinte er, gehörte es nicht, vielleicht einem Besucher. Frau Braun ihrerseits kann sich erinnern, daß ein Motorradfahrer mit einer schweren Maschine auf den Vorplatz eingeparkt war, kurz nachdem sie mit Dr. Ludewig dort angekommen war.«
»Ja, an ein Motorrad kann ich mich auch erinnern«, bekannte Ingrid. »Ich hätte es beim Wenden beinahe gestreift. Fragen Sie mich aber bitte nicht nach dem Kennzeichen.«
»Das wollte ich aber«, erwiderte Merck enttäuscht. »Der Hausmeister und Frau Braun haben nämlich auch nicht darauf geachtet.«
»Es war dunkel, und ich hatte keinen Anlaß, mir das Kennzeichen zu merken.«
»Auf dem Tank klebte ein Orden.«
Merck blickte die Fünfzehnjährige, die aus dem Garten über die Terrasse hereingekommen war, überrascht an. »Ein Orden?«
»Ja, so was wie ein Karnevalsorden. Bunt. Kitschig.«
»Warst du denn auch in der Kärtnerstraße? Entschuldige, Merck ist mein Name, ich bin von der Polizei.«
»Ich bin, als ich vom Sportfest kam, da vorbeigefahren. Irgendwo am Lenker vorn war auch so was wie ein Wimpel, ein Fähnchen. Auf mehr hab ich aber nicht geachtet.«
»Auch nicht auf das Kennzeichen?«
»Nein.« Sie dachte nach. »Nein, keine Ahnung. Ich hatte ja eigentlich nur Augen für den Wagen meines Vaters und dachte: ›Was macht der denn hier?‹«

»Inzwischen wissen wir, daß er seiner Sekretärin noch Briefe und Berichte diktiert hat«, schwindelte Ingrid pädagogisch eindrucksvoll.
»Auf jeden Fall eine BMW!«
Merck atmete tief durch. »Na, bitte, das ist doch schon was. Bekanntlich benutzen Terroristen gern Motorräder. Mit diesen Informationen können wir unsere Computer schon gezielter füttern.«

Bella putzte die Theke, spülte Gläser und fertigte einen Likörlieferanten ab. Dann setzte sie sich mit einem Kaffee an den Stammtisch und blätterte in der Zeitung. Es war Vormittag, das Lokal noch geschlossen. Hin und wieder warf sie einen Blick durchs Fenster. Der alte Lehn, Karstens Vater, harkte den Parkplatz, hob Unrat und Papierfetzen auf.
Durch die Küche kam Karsten, noch im Bademantel, unrasiert und ungewaschen. »Willst du nicht staubsaugen, bevor du dich zum Kaffeetrinken niederläßt?«
Sie sah ihn nur gelangweilt an und erwiderte: »Kratz die Aufkleber von deinem Motorrad.«
»Wie kommst du denn darauf?«
»Da, lies. Die haben eine Beschreibung von deinem Motorrad.«
»Na schön, dann haben sie eben eine. Motorräder mit Aufklebern gibt's wie Sand am Meer. Hat aber nichts damit zu tun, daß du hier faul rumsitzt, oder?«
»Zum Staubsaugen und Putzen wirst du eine Kraft extra engagieren.«
»Ach nee!«
»Ach ja! Und wenn's geht, fang mit dem Putzen bei dir selber an, eh du hier große Reden hältst. Du bist nämlich kein erfreulicher Anblick. Und wasch dich gefälligst auch abends, eh du zu mir ins Bett kriechst.«
»Du willst nicht zufällig ein paar gescheuert?« fragte er mit einer Güte, die schon wieder gefährlich wirkte.
»Du kannst es ja mal versuchen. Hast du mit deinem Vater gesprochen?«
»Ja. Er will nicht. Weder will er mir den Gasthof überschreiben, noch will er, daß ich dir die Hälfte abtrete.«
Sie ließ die Zeitung sinken und sah ihn amüsiert an. »Hat er denn eine Wahl?« fragte sie. »Du bist doch soundso sein Erbe

und ich in Kürze deine Frau. Du liebst mich und würdest mir infolgedessen sowieso geben, was mir zusteht. Muß man ihm erst drohen?«
»Drohen? Womit denn?«
»Na, mit der Polizei, womit denn sonst? Ich hab den Revolver.«
»Du hast –???« Er stürzte blindwütig hinaus, verlor auf der Höhe seines Vaters, der Zigarettenstummel auflas, einen Filzpantoffel, schlüpfte wieder hinein, lief in den Schuppen, stellte alles auf den Kopf, zertrampelte Kartons und Plastikbehälter und kam nach ein paar Minuten totenbleich zurück.
»Wo ist er?« fragte er atemlos.
»Wo ihn niemand findet. Bevor du dich jetzt aufregst, bedenke, daß ich keinen Anlaß habe, meinen Ehemann zu denunzieren.«
»Warum hast du dann...« Er konnte vorübergehend gar nicht sprechen. »Warum hast du dann den Revolver überhaupt weggenommen?«
»Du bist doof, mein Süßer. Für den Fall, daß es nichts wird mit unserer Ehe und meinem Erbanteil. Wovon reden wir denn die ganze Zeit? Und weil du mich gerade so anguckst, wie ich mir vorstellen kann, daß du den Ludewig angeguckt hast, bevor du ihn abgeknallt hast, möchte ich dir noch was sagen: Wenn mir was zustößt, erfährt die Polizei automatisch alles. Alles, verstehst du. Da du mich aber liebhast und heiraten willst und dabei auch immer ganz gut fahren wirst, wenn du dir regelmäßig die Füße und den Arsch wäschst, versteh ich deine ganze Aufregung nicht. Es geschieht doch nur, was wir sowieso immer wollten.«
»Was aber mein Vater nicht will«, brummte Karsten selbstmitleidig und völlig überfordert von ihrem Gemisch aus Drohung, Bösartigkeit und Verlockung, »ich hab doch mit ihm geredet.«
»Dann hast du eben nur blabla gesagt und nicht, worum es geht.«
Karsten nickte bekümmert. »Das stimmt. Aber was ich getan habe, das kann ich selber noch gar nicht richtig glauben... es meinem Vater zu sagen, wie stellst du dir das vor?«
»Möchtest du es denn lieber vor der Polizei gestehen?«
»Das ist ja doch eine Drohung«, beanstandete Karsten weinerlich.

»Doch nicht von mir an dich. Von *uns* an die Adresse deines Vaters. Natürlich muß das Herumgemaule aufhören. Du kannst nicht um neun aus den Kissen kriechen und beanstanden, daß ich nicht staubgesaugt habe. Du mußt loben, daß ich die Theke geputzt, Gläser gespült und einen Lieferanten abgefertigt habe. Und natürlich mußt du deinem Vater beibringen, daß er mich nicht wie den letzten Dreck behandelt. Der hat nämlich dieselbe Nummer drauf wie du.«
»Jaja, das sag ich ihm schon. Du sollst es ja gut haben als meine Frau. Ich hab dich nämlich wirklich lieb. Na ja, dann werd ich jetzt mal in die Garage gehen und die Aufkleber vom Krad kratzen. Gut, daß du so aufmerksam bist.«
»Ja, gieß mir aber vorher noch einen Kaffee ein, ja?«
Er stutzte kurz, dann tat er es. Irgendwie schien er doch zu kapieren, daß der Wind sich gedreht hatte.

Die obersten Ermittlungsbehörden waren der Auffassung, daß Kripo und Staatsschutz weiterhin in Arbeitsgemeinschaft zu fahnden hatten, weil die Frage: politischer Mord oder nicht? nicht so ohne weiteres zu klären war. Merck hatte jedoch, vom Dienstrang und vom technischen Apparat her, die größere Kompetenz und Weisungsbefugnis; seinen Richtlinien hatte sich auch Kripochef Schell zu fügen. Daß er es – weil er an einen Mord im Bereich privater Beziehungen glaubte – teilweise nur zähneknirschend tat, konnte Merck nur amüsieren. Schell, der dieser Partei nicht angehörte – er gehörte gar keiner an –, fand es geradezu unverantwortlich, daß Fakten aus dem privaten Bereich (die Fotos der leicht oder gar nicht bekleideten Freundinnen von Ludewig) für die Ermittlungen nicht herangezogen wurden, daß weder die Angaben von Ingrid Ludewig über ihre unzulänglich motivierten Autofahrten in der Mordnacht noch Lisa Brauns Verhaltensweisen ernsthaft geprüft wurden.
»Was wissen wir denn überhaupt von den beiden Frauen und was sich zwischen ihnen abspielte?« fragte Schell. »Halten Sie eine Eifersuchtstragödie denn für völlig ausgeschlossen? Sowohl Frau Ludewig wie auch Lisa Braun können – theoretisch jedenfalls – mit Ludewig zum alten Güterbahnhof gefahren sein und ihn dort erschossen haben.«
»Dann müßten sie sich vorher allerdings Herrenstiefel mit der Größe fünfundvierzig besorgt haben«, lachte Merck, »denn so

sehen die Fußabdrücke des Täters am Tatort nun einmal aus. Und warum sollten sie das Aktenköfferchen mitgenommen haben? Und den Wagen zur Kärtnerstraße zurückfahren?«

»Ich hab dann noch Hajo Schult auf meiner Liste«, hakte Schell nach, »den Vorsitzenden der PFC-Jugendorganisation, der mit Frau Braun verlobt ist. Er sitzt zugegebenermaßen ein paar hundert Kilometer entfernt in Bonn, aber es haben ja noch nicht einmal Recherchen stattgefunden, wo er sich in der Mordnacht aufgehalten hat.«

»Nein, auch die Alibis anderer führender PFC-Politiker bis hin zum Bundesvorstand haben wir noch nicht überprüft, stellen Sie sich das mal vor«, höhnte Merck, »von der Opposition ganz zu schweigen. Dagegen haben wir vor einer halben Stunde, wie es dieses Telex beweist, Edgar Schuh festgenommen.«

»Und wer ist das?«

»Schuh ist dringend verdächtig, terroristischen Randgruppen 1979 Sprengstoff und Waffen geliefert zu haben. Es kommt aber noch schöner: Schuh fährt ein schwarzes BMW-Motorrad und war in seiner Studentenzeit Verfasser eines Flugblatts, in dem aufgefordert wird, Ludewig als ›Gewalttäter‹ zu verurteilen, weil er die Isolationshaft für Terroristen befürworte.«

»Aha.«

»Das gefällt Ihnen wohl nicht? Möchten lieber im kleinbürgerlichen Sumpf herumwaten, was?«

»Und Sie möchten der Partei einen Märtyrer schenken – lassen wir das. So hat jeder seine Schwerpunkte bei der Arbeit. Ich befrage diesen Hajo Schult einmal, wenn's recht ist – natürlich mit aller gebotenen Diskretion.«

»Keine Einwände. Sie brauchen nicht einmal nach Bonn zu fahren. Schult kommt heute zu einer Parteiversammlung. Wahrscheinlich treffen Sie ihn bei seiner Verlobten Lisa Braun an.«

Hajo Schult entschuldigte sich wegen des Gepäcks. »Es hat keine Bedeutung. Ich komme direkt vom Flughafen und kann mir noch ein Hotelzimmer buchen, wenn du darauf bestehst.«

Lisa seufzte und bat ihn in ihre Appartementwohnung. Nicht nur sein Gepäck, auch er kam ihr ungelegen. »Ich erwarte jeden Augenblick Frau Ludewig. Ich weiß nicht, was sie will, aber sie möchte mich unter vier Augen sprechen. Sobald sie eintrifft, muß ich dich in mein Schlafzimmer bitten.«

»Da war ich ja mal zu Hause«, entfuhr es ihm. »Nimmst du mir die Blumen ab?«

»Ja. Danke. Sie sind sehr schön.« Weil es in diesem Augenblick schon läutete, schob sie Hajo samt Gepäck in ihr Schlafzimmer und ging, die Blumen noch in der Hand, die Wohnungstür öffnen.

»Das war aber nicht nötig«, sagte Ingrid Ludewig mit einer gewissen Bereitschaft, auf allzu dramatische Feindseligkeiten zu verzichten, und weil Lisa Braun sie nicht gleich verstand, zeigte sie auf die Blumen.

»Ach so, ich wollte sie gerade in eine Vase tun. Kommen Sie herein. Tee? Kaffee?«

»Nein, nein, danke, ich will mich nicht lange aufhalten.« Sie sah sich flüchtig um, als trachte sie beiläufig danach, etwas zu finden, was an Helmuts Besuche erinnerte, nahm Platz und überreichte Lisa ein Kuvert.

Lisa sah sie, ohne es zu öffnen, überrascht an.

»Es sind Fotos«, erklärte Ingrid. »Vielleicht hängen Sie daran.«

Ingrids Verzicht auf jeden hämischen Zwischenton ermutigte sie, das Kuvert zu öffnen.

»Die Bilder stammen offensichtlich vom Parlamentarierbesuch voriges Jahr in Spanien.«

»Ja«, sagte Lisa und legte das Kuvert zur Seite.

»Ich habe noch Fotos von anderen Frauen. Ich kenne sie nicht. Würden Sie mir helfen, sie zu identifizieren?«

»Nein.«

»Nein? Warum nicht? Andere hatten ihn vielleicht auch recht gern und möchten ein Andenken.«

Schlagartig wurde Lisa klar, daß Frau Ludewigs Verzicht auf beleidigende Zwischentöne nur als Arroganz zu verstehen war.

»Ich nehme Ihnen Ihre Fairneß nicht ab. Sie wollen mich nur fühlen lassen, daß ich eine von vielen war. Gut. Angekommen. Und wie nun weiter?«

Ingrid lehnte sich zurück, Wohlwollen und Erstaunen im Blick. »Na so was! Auch noch intelligent. Das bringt mich ja ganz aus dem Konzept. Falls Sie ihn geliebt haben, möchte ich

Ihnen mein Mitgefühl aussprechen, wenn es Ihnen nicht merkwürdig vorkommt.«
»Es kommt mir merkwürdig vor!«
»Ja. Na gut. In extremen Situationen stimmt halt keine der üblichen Höflichkeitsfloskeln. Dabei war es ehrlich gemeint.« Sie lächelte entschuldigend. »Ich hatte gehofft, Sie wären mir unsympathischer. So aber habe ich fast den Mut, Sie etwas zu fragen. Haben Sie Helmut umgebracht?«
»Nein. Sie?«
»Nein, auch nicht... Ich hätte ihn, wenn er es gewollt hätte, an Sie abgetreten.«
»Er hätte es mit Sicherheit nicht gewollt. Zwischen ihm und mir ging es deshalb so gut, weil wir irgendwelche Konsequenzen beide nicht im Sinn hatten. Allerdings –«
»Allerdings?«
»– wußte ich von anderen Beziehungen nichts. Ich hätte sie mir mit Sicherheit nicht gefallen lassen.«
Ingrid lachte. »*Mich* aber haben Sie immerhin akzeptiert? Woran mag das liegen? Hauptfrau und Nebenfrau – in Ordnung, das ist fast schon ein gesellschaftliches Ritual – aber jede Dritte und Vierte verstößt gegen das Selbstwertgefühl der Frau!«
»Sie haben vorhin meine Intelligenz gelobt. Das war vielleicht voreilig. Ich denke über viele Sachen nicht nach. Auch nicht über diese. Manche Dinge im Leben nimmt man, wie sie kommen, andere plant man.«
Ingrid erhob sich. »Ich will schnell gehen, bevor Sie mir noch sympathischer werden. Es verstößt gegen die Regeln des guten Geschmacks und der modernen Tragödie, daß sich Ehefrau und Geliebte menschlich näherkommen. Leben Sie wohl!«
Lisa Braun blieb, nachdem Ingrid Ludewig gegangen war, minutenlang selbstvergessen auf dem kleinen Flur stehen und dachte über dieses merkwürdige Gespräch nach. Zwei Fragen beschäftigten sie außerordentlich: Hätte sie mit Ludewig ein Verhältnis haben können, wenn sie seine Frau früher kennengelernt hätte? Ihre Antwort lautete: Nein! Die zweite Frage: Was hatte Ludewig an ihr gefunden, was er nicht auch von seiner Frau hätte haben können? Der Versuch, sich darauf eine Antwort zu geben, ging in der plötzlichen Erkenntnis unter, daß Hajo in ihrem Schlafzimmer saß.
Sie ging hinüber und sagte: »Entschuldige.«

»Was?« fragte er.
»Bitte?«
»Na ja: *was* ich entschuldigen soll«, wiederholte er und legte die Frauenzeitschrift, in der er geblättert hatte, auf den Fußboden.
»Daß ich dich, kaum daß du zur Tür herein bist, vernachlässigen mußte, was denn sonst?«
Er lachte. »›Was denn sonst?‹ ist gut! Na, zum Beispiel, daß du mich mit Ludewig betrogen hast!«
Sie war so fassungslos, daß sie eine Weile den Mund nicht wieder zu bekam. »Na, das ist ja vielleicht eine Eröffnungskonversation«, staunte sie und ließ sich in einen Knautschsessel fallen. »Ich habe dich mit Ludewig betrogen... Da weiß ich vor Schreck gar nicht, was ich sagen soll!«
»Das ist in solchen Situationen üblich. Was sollst du da auch sagen? Es ist mir schon von Parteifreunden zugetragen worden, und jetzt habe ich es durch Frau Ludewig bestätigt bekommen. Ich kann nichts dafür, daß deine Wände so dünn sind!«
»Ich habe dich mit Ludewig betrogen«, wiederholte sie, teils von theatralischer Heiterkeit, teils von Empörung geschüttelt. »Diesen Vorwurf muß man sich auf der Zunge zergehen lassen. Das ist einfach zu herrlich. Du bist, seitdem du in Bonn hockst, zweimal hier gewesen – zweimal in zwei Jahren –, einmal anläßlich einer Zwischenlandung für eine halbe Stunde im Flughafenrestaurant, und einmal für eine Nacht auf dem Bett, auf dem du jetzt sitzt. Hast du mich mal nach Bonn eingeladen? Zu einem gemeinsamen Urlaub? Hätte ich hier verblöden sollen, bis du mir in zwanzig oder dreißig Jahren mitzuteilen geruhst, daß ich unser Verlöbnis als aufgelöst zu betrachten habe? Ich habe dich mit Ludewig betrogen! Sag's noch einmal und ich schmeiß dich samt Koffer und Blumen zum Fenster hinaus!«
Hajo Schult schluckte und sagte: »Das war ja direkt bühnenreif.«
»Aber nur der erste Akt! Deine Othello-Inszenierung ist nämlich nicht überzeugend, und ich will dir auch sagen, warum. Du hast diese Entwicklung stillschweigend akzeptiert, weil Ludewig zu deinen Gönnern und Förderern gehört hat. Durch seine Protektion, hast du dir gesagt, komme ich mal noch in den Bundes- oder Landesvorstand, deshalb will ich mal lieber

so tun, als wäre alles in Ordnung. Wenn er noch lebte und dich weiter protegieren könnte, würdest du auch noch deine nächste und übernächste Freundin an ihn abtreten.«

»Klassevorführung. Erspare mir aber den dritten Akt, ja? Ich hätte da selber einen Vorschlag. Nach der Parteisitzung heute abend gehen wir zusammen essen.«

»Nein, danke.«

»Ich sagte essen, nicht schlafen.«

»Nimm deinen Koffer und zisch ab.«

»Sag mal – weißt du eigentlich, warum ich hier bin?«

»Nein, ich will es auch nicht wissen.«

»Ich werde vielleicht neuer Fraktionschef. Willst du, nachdem du nun Dampf abgelassen hast, nicht etwas liebenswürdiger sein? Sieh mal, ich kann meine Sekretärin aus Bonn nachkommen lassen und ich kann –«

»O Gott ja, bin ich schwer von Begriff. Soll ich mich gleich ausziehen oder darf's nach dem Abendessen sein?«

Das Telefon läutete. Sie nahm ab und gab ihm den Hörer. Die Nachricht, die durchgegeben wurde, schien ihn zu amüsieren. Er teilte ihr auch mit, warum. »Stell dir vor, da hat eine Behörde nachgeforscht, ob ich in der Mordnacht in Bonn gewesen bin.«

»Warst du?«

»Nein.« Eine wirkungsvolle Pause. »In Brüssel. Zusammen mit dem Bundesvorsitzenden. Ob sie den als Zeugen akzeptieren? Okay, ich sehe, du bist überanstrengt. Ist ja auch verständlich. Soll ich nun über den Balkon absteigen, oder läßt du mich durch die Tür?«

»Bleib von mir aus vorerst noch hier«, murmelte Lisa konfus und müde. »Ich koch uns einen Tee. War ja wohl wirklich alles ein bißchen zuviel auf einmal.«

Einen Tag nach der feierlichen Beisetzung Dr. Helmut Ludewigs und dem damit verbundenen Staatsakt – nicht nur politische Freunde, sondern auch die Opposition bescheinigte dem Verstorbenen menschliche Integrität und Redlichkeit – erhielt Ingrid Ludewig den Besuch zweier Männer. Der eine, Görres, kam zur Mittagszeit eigentlich sehr ungelegen, weil Ingrid, von ihrem Halbtagsjob aus der Stadtbücherei zurückgekehrt, das Baby und die halberwachsene Tochter zu versorgen hatte (das Baby nahm sie einfach immer mit in die Stadt-

bücherei), aber Görres hatte sich als »alter Freund« Ludewigs angesagt, und sie meinte, als solcher werde er auch in Kauf nehmen, wenn ihre Zeit und Aufmerksamkeit beschränkt war. In der Tat schien Görres vor Jahren einmal privaten Kontakt mit Helmut gehabt zu haben, trotzdem benutzte er ihn nur als Vorwand, überhaupt vorgelassen zu werden, weil Ingrid keine Interviews geben wollte. Er war nämlich Reporter, und zwar bei einer Zeitung, die der PFC keineswegs nahestand. Als er nach einer gefühlvollen Einleitung die Katze aus dem Sack ließ: »Schreiben Sie, Frau Ludewig, schreiben Sie, was Sie wollen!«, sah sie ihn erstaunt an, legte das Baby schlafen und fragte: »Wozu?«
»Wozu?« Görres, der groß, dünn und unverzeihlich lustig war, nannte die Gründe: »Erstens um der Wahrheit willen, zweitens, weil es Geld bringt. Ich bin autorisiert, Ihnen fünzigtausend Mark für zehn Folgen à zehn Schreibmaschinenseiten vorzuschlagen. Die SLZ zahlt gut.«
»Aber die SLZ liebt die Partei, der mein Mann angehörte, doch nicht gerade, oder irre ich mich da?« fragte Ingrid unschuldig.
»Nun, Frau Ludewig, wir erwarten ja auch keine politischen Beiträge von Ihnen – mehr, sagen wir mal, den Alltag Ihrer Ehe.«
Ingrid bat Christa mit einer Handbewegung, wieder hinauszugehen.
»Sehen Sie, Frau Ludewig, Helmut und ich sind im Laufe der Jahre zwar politisch etwas auseinandergedriftet, aber im Menschlichen sind wir Kumpel geblieben... und so gesehen, war uns auch nichts Menschliches fremd. Ich hatte sein Vertrauen.«
»Das Sie nun enttäuschen wollen?«
»Bitte?« Er begann ungefragt zu rauchen. »Nein, ich werde gar keine Meinung haben. *Sie* schreiben ja. Was er für ein Mensch war, wie sein Privatleben aussah – na ja, eben alles! Wenn es für Sie persönlich ein Akt der Befreiung, so was wie ein erlösender Aufschrei ist, soll es uns nur recht sein.«
»Ja?«
»Ja.«
»Helmut«, log Ingrid mit Genuß, »war ein liebevoller Vater, ein treuer, einfühlsamer Ehemann und ein Mensch voller Selbstachtung und Würde.«

Das warf den guten alten Freund von Helmut beinahe um. Erst einmal scheiterte sein Versuch, die brennende Zigarette aus dem Mund zu nehmen. Er verbrannte sich den Finger. Dann suchte er einen Aschenbecher. Ingrid nahm einen aus dem Wandschrank. Die Heftigkeit, mit der sie ihn auf den Tisch stellte, war fein dosiert. Görres beachtete solche Nuancen der Feindschaft nicht. Er reizte seine materiellen Möglichkeiten aus. »Für einen wirklichen Tatsachenbericht«, erklärte er, »darf ich auf siebzigtausend gehen.«
»Und was ist ein wirklicher Tatsachenbericht?«
»Ein wirklicher Tatsachenbericht wäre…« Er brach verzweifelt ab. »Helmut und ich haben uns vor ein paar Monaten in München getroffen. Zufällig. In einer Bar. Wie das manchmal so ist, der eine hat eine zuviel am Kragen, der andere hat gar keine.« Er lachte dümmlich.
Ingrid nahm die Visitenkarte, die er ihr anfangs überreicht hatte. Sie enthielt auch seine private Telefonnummer. Ingrid ging zum Telefon und wählte. Und dann hörte er sie sagen: »Frau Görres? Ja, hier ist Frau Ludewig. Ihr Mann ist bei mir und möchte Ihnen einen herzhaften Schwank aus seinem Leben erzählen. Ich übergebe.«
Ingrid hielt Görres den Hörer hin. Görres, völlig überrumpelt und in seinem Glauben an die Menschheit erschüttert, knallte den Hörer auf die Gabel und schrie: »Sie sind wohl nicht ganz zurechnungsfähig??!! Mann o Mann, jetzt kapier ich so manches, wovon mir Helmut erzählt hat… der mußte ja fremdgehen, wenn er nicht verrückt werden wollte!«
Der zweite Besucher erwies sich als kultivierter und feinfühliger, was allerdings auch mit seinem Auftrag zu tun hatte. Dr. Pohl war Pressereferent der Landesregierung und als solcher verantwortlich für die Herausgabe der Wahlpostille. Er kondolierte höflich und setzte als gegeben voraus, daß Frau Ludewig über den tragischen Tod ihres Mannes hinaus ein geradezu euphorisches Bedürfnis haben müsse, sein Andenken zu festigen, und zwar in Form eines Nachrufes mit Herz. Ingrid Ludewig holte tief Luft und erklärte: »Lieber Herr Doktor Pohl, ist es nicht schon anerkennenswert, daß ich der PFC etliche tausend Wählerstimmen dadurch erhalten habe, indem ich es vor knapp einer Stunde abgelehnt habe, einen Tatsachenbericht für die SLZ zu schreiben? Sehen Sie, mein Mann war offensichtlich beides: Mensch und Unmensch – er

hatte, wie man so zu sagen pflegt, zwei Gesichter. Wenn Sie etwas über den *Menschen* erfahren wollen, müssen Sie Lisa Braun, seine Sekretärin, befragen. Ich habe vorwiegend den *Unmenschen* kennengelernt.«
Dr. Pohl war nicht weniger in seinem Glauben an die Menschheit erschüttert als vor einer Stunde Görres, aber seine Fassungslosigkeit hatte beinahe etwas Bemitleidenswertes. Es kam Ingrid vor, als habe er von Ehen, die nur an der Oberfläche funktionierten, noch nie etwas gehört, und als müsse er erst einmal über Partnerschaften und deren Konflikte grundsätzlich informiert werden.
Seine Ratlosigkeit, sein Schweigen zwangen sie, sich zu entschuldigen. »Das ist nicht gegen Sie gerichtet, verstehen Sie? Ich werde noch lange brauchen für die seelische Aufarbeitung. Deshalb kann ich nichts sagen. Und ich habe es so kurz gemacht, weil ich mit meinem Baby noch zur Schluckimpfung muß, weil ich den Englischaufsatz meiner Tochter noch nicht durchgelesen habe, noch einkaufen gehen muß, eine Unmenge Kondolenzpost zu beantworten habe und darüber hinaus in einer halben Stunde bei meinem Notar sein möchte.«
Daraufhin entschuldigte sich Dr. Pohl, überhaupt gekommen zu sein.

Manchmal kommen polizeiliche Ermittlungen wochenlang nicht von der Stelle, und dann kann ein Hinweis, eine Beobachtung, eine unerwartete Zeugenaussage wie eine Lawine alles ins Rollen bringen.
Der erste Hinweis erschien in Gestalt eines Forstverwaltungsangestellten, dem gewiß nicht unterstellt werden konnte, Sympathisant eines einsitzenden Randgruppenterroristen zu sein. Hufnagel, so hieß der Mann, hatte am Nachmittag vor der Ermordung Ludewigs im Landwirtschaftsministerium zu tun gehabt, das sich in unmittelbarer Nähe des Landesparlaments befand.
»Ich trug diesen grünen Dienstanzug«, berichtete er Merck und Schell, die ihn gemeinsam empfangen hatten, schnörkellos und protokollreif, »und Sie werden gleich merken, daß ich das nicht nur so nebenbei erwähne. Ich wurde nämlich von einem jungen Mann auf einem Motorrad, als ich zum Parlamentsgebäude 'rüberging, offensichtlich für einen Pförtner oder so etwas Ähnliches gehalten, denn er fragte mich, ob die

von der PFC alle noch drin sind. Das wußte ich nicht, aber die Frage beantwortete sich auch von selbst, denn im gleichen Augenblick strömten die Abgeordneten aus dem Parlament, und der Motorradfahrer, ein junger, kräftiger Mann von etwa dreißig, drehte einige Kurven um den Platz. Inzwischen waren Fernsehteams und Passanten erschienen, die zuguckten, wie Politiker interviewt und gefilmt wurden, und ich verlor den Motorradfahrer aus den Augen. Ich wurde dann jedoch wieder aufmerksam, weil sich ein Toningenieur bei ihm beschwerte, er solle den Motor abstellen oder ein Stück wegfahren. Er fuhr ein Stück weiter. Als dann alles vorbei war, habe ich gesehen, wie der Motorradfahrer sich einfädelte, zwischen die Autos der Abgeordneten sozusagen. Das waren Dienstautos und private, alles durcheinander.«
Merck sah Schell vielsagend an, dann reichte er dem Forstbeamten ein Foto von Edgar Schuh.
»Nein, der war es mit Sicherheit nicht«, sagte Hufnagel entschieden, was Schell einigermaßen freute, weil sich Merck auf Schuh festgebissen hatte. Daß Edgar Schuh seit über zwei Wochen festgehalten wurde, verdankte er allerdings nicht nur der Sturheit des Staatsschutzbeamten, sondern auch sich selbst: Er war zur Tatzeit, wie sich später herausstellen sollte, bei einer konspirativen Vereinigung in der Schweiz gewesen, hatte dieses Alibi jedoch nicht angeben wollen, um die im Entstehen begriffene Gruppe nicht zu gefährden. Edgar Schuh wurde noch am selben Tag aus der Haft entlassen.
»Sicher haben Sie eine Erklärung dafür, warum Sie mit Ihrer Beobachtung erst heute herausrücken«, wandte sich Schell an Hufnagel.
Hufnagel hatte sogar Unterlagen für seine Erklärung. Reiseunterlagen. »Ich war mit meinem Sohn in Nordfinnland. Von See zu See. Mit einem Boot. Am Abend des Tages, an dem ich meine Beobachtungen machte, sind wir aufgebrochen, gestern abend zurückgekehrt.«
»Das Kennzeichen, Herr Hufnagel«, drängte Merck, »Sie haben das Kennzeichen des Motorrads nicht erwähnt. Wissen Sie es noch?«
»Dann hätte ich es schon erwähnt. Ich weiß es nur noch unvollkommen. Es fing mit Ö an.«
»Mit Ö – dann kann es doch nur der Landkreis Öwe gewesen sein«, jubelte Merck. »Und in einem kleinen Nest in der Nähe

von Öwe war Ludewig doch vor ein paar Wochen bei einer Ortsvereinsfeier, oder?«
Schell nickte. »In Willschau war das!«
»Das Motorrad war mit alten Orden und Ehrenzeichen verziert, dazwischen Mickymäuse und anderer Kitsch«, vervollständigte Hufnagel seine Aussage.
Das deckte sich in etwa mit der Beobachtung, die Christa Ludewig gemacht hatte.
Nachdem Hufnagel mit dem Lob, er sei ein vorbildlicher Staatsbürger, verabschiedet worden war, begann der technische und personelle Apparat auf Hochtouren zu laufen.
Christa konnte sich nun auch an das Ö erinnern.
Der zweite Toningenieur des Fernsehteams, das Ludewig interviewt hatte, bestätigte Hufnagels Beobachtungen, ohne allerdings wesentliche Details hinzufügen zu können.
Der Computer der Kraftfahrzeugzulassungsstelle informierte, daß im Landkreis Öwe achtundzwanzig schwergewichtige BMW-Motorräder registriert waren; Diebstahlsanzeigen lagen nicht vor.
Von den achtundzwanzig Kradbesitzern waren fünfundzwanzig strafrechtlich noch nicht in Erscheinung getreten, einer war wegen Scheckbetrugs vorbestraft, einer wegen Körperverletzung (Karsten Lehn), einer wegen Fahrerflucht; alle Fälle lagen etliche Jahre zurück.
Die berufliche Statistik sah folgendermaßen aus: Kaufmännische Angestellte: 3 – Kfz-Schlosser: 3 – Landwirte: 3 – Bauhandwerker: 3 – Metallverarbeitende Berufe: 3 – Selbständige Unternehmer: 2 – Fleischereihandwerk: 2 – Tischler: 1 – Friseur: 1 – Hundezüchter: 1 – Monteur: 1 – Fliesenleger: 1 – Sparkassenangestellter: 1 – Berufsfahrer: 1 – Gastwirt: 1 – ohne Beruf: 1.
Auf den Gastwirt, der eigentlich ein Gastwirtssohn war und Karsten Lehn hieß, fuhr Merck sofort ab. Nicht nur, weil das BKA meldete, daß dieser zwischen seinem siebzehnten und zwanzigsten Lebensjahr einer rechtslastigen Jugendorganisation angehört und als »Zeugwart« sogar einen gewissen Rang eingenommen hatte, sondern vor allem, weil dieser Karsten Lehn jene Gastwirtschaft betrieb, in der vor knapp vier Wochen Dr. Helmut Ludewig als Gratulant der Landespartei bei der Feier des PFC-Ortsvereins in Erscheinung getreten war.

»Wie gehen wir vor?« fragte Kripochef Schell. »Eine frontale Konfrontation wird wenig Sinn haben, denn der Täter hatte ja genug Zeit, alle möglichen Spuren zu beseitigen.«
Merck nickte. Dann sagte er: »Wir nehmen Hufnagel mit!«
»Hufnagel?«
»Ja. Und den Toningenieur. Wir gehen sozusagen ganz privat, essen und trinken was. Wenn uns Hufnagel und der Toningenieur, die ihn ja auch ohne Helm und Gesichtsschutz gesehen haben, zu verstehen geben, daß er es nicht war, können wir ohne Prestigeverlust wieder abziehen. Eine voreilige Festnahme wäre peinlich, nachdem wir uns schon mit Edgar Schuh so geirrt haben.«
»*Sie* haben sich mit Edgar Schuh geirrt, nicht ich«, stellte Schell richtig. »Für mich stand schon bei der Tatortbesichtigung fest, daß Linksextremisten so nicht zu Werke gehen.«
Merck machte eine Handbewegung, die besagen wollte, daß dies Schnee von gestern sei. »Wenn sie ihn dagegen identifizieren«, fuhr er fort, »wird sich auch dieser – wie heißt er gleich?«
»Karsten Lehn.«
»Ja, wird sich auch dieser Karsten Lehn an die Gesichter erinnern, in Panik geraten und hoffentlich etwas tun, das für uns zu einer Verhaftung ausreicht.«

Mit dem alten Gustav Lehn war nicht mehr zu reden, seitdem er mit Sohn und angehender Schwiegertochter beim Notar gewesen war. Haus und Gaststätte waren nun auf den Namen des Sohnes eingetragen, die Hälfte von Liegenschaften und Vermögen gleichzeitig als Schenkung auf Bella übertragen worden, bis sie als Ehefrau in Gütergemeinschaft – die Hochzeit sollte in Kürze sein – ganz offiziell als Miterbin registriert werden sollte.
Gustav hatte kapituliert, verstanden hatte er nichts. Natürlich spielte es keine große Rolle, ob Karsten heute schon oder erst nach Vaters Tod als Besitzer im Grundbuchamt eingetragen war; aber gerade deshalb, hatte Gustav gemeint, hätte man auch bis zu seinem Ableben warten können. Die Schenkung dagegen und die eilige Hochzeit hatte ihm Karsten nur mit seiner riesengroßen Liebe zu Bella und mit seiner Angst, sie sonst zu verlieren, erklären können. Das war in seinen Augen ein unverzeihlicher Blödsinn. Bella war eine fixe und auf-

merksame Kellnerin, sonst nichts. Rein menschlich mußte man schon wegen ihrer Launen mißtrauisch sein. Mal glühte sie vor Zuneigung zu Karsten, ein andermal schikanierte sie ihn. Nach Gustav Lehns Lebensauffassung durfte aber nur ein Mann eine Frau schikanieren, nicht umgekehrt. Und wenn sie es doch tat, mußte sie einen Denkzettel bekommen. Karsten aber duckte sich und grinste blöd, wenn sie ihn zur Arbeit antrieb. So mußte er jetzt zum Beispiel die Gaststätte und den Nebenraum staubsaugen und putzen, was vorher ihre Aufgabe gewesen war.
Den Koch und seine Gehilfin behandelte sie liebenswürdiger, und die Gäste sowieso. Irgendwie trat sie schon wie die Chefin auf, obwohl es ihr andererseits an einer gewissen Selbstachtung fehlte. Ein Gast, der eine hohe Zeche machte, durfte ihr schon einmal in den Po kneifen, bevor sie ihm lachend auf die Hand patschte. Es gab keine Erklärung dafür, daß Karsten so was sah und nichts unternahm. Ihn, Gustav, trachtete Bella bei Laune zu halten. Zu ihm war sie nie pampig, sie sagte danke und bitte und lachte ihn an mit ihren schönen, falschen Augen. Das tat ihm natürlich gut, weil er es für angebracht hielt, respektvoll behandelt zu werden. Trotzdem blieb er ihr gegenüber wortkarg und reserviert, weil er nicht wußte, was gespielt wurde. Ein gutes Ende konnte es seiner Meinung nach nicht nehmen. Wie nahe das Ende schon war an diesem verregneten Frühherbsttag, ahnte allerdings auch er nicht.
Kurz nach Lokalöffnung um 17 Uhr fuhren zwei Autos mit je zwei Männern bei der Gaststätte vor. Sie kamen von auswärts, und das war werktags selten. Ausflügler verirrten sich eigentlich nur am Wochenende hierher. Obwohl die Wagen im Abstand von einer Minute vorfuhren und die Insassen – Merck und Schell einerseits, der Forstbeamte Hufnagel und der Toningenieur Hattke andererseits – keinen sichtbaren Kontakt zueinander aufnahmen, hatte Karsten, der am Küchenfenster stand, gleich das Gefühl, daß sie irgendwie zueinandergehörten. Drei Autos mit jeweils vier Staatsschutz- bzw. Kripobeamten konnte vom Gasthaus aus niemand sehen; sie parkten in einer Entfernung von etwa einem Kilometer an den Ausfallstraßen und sollten notfalls eine Sperre bilden – angesichts der geografischen Verhältnisse eine ziemlich schwachsinnige Vorsichtsmaßnahme, die aber am glücklichen Ende der Aktion nichts ändern sollte.

Hufnagel und Hattke, die erst vor zwei Stunden miteinander bekannt gemacht worden waren, sollten Karsten Lehn, wenn es sich so ergab, mit Fragen wie ›Na – haben Sie die PFC-Abgeordneten damals denn noch angetroffen?‹ und – falls das Motorrad sichtbar und jetzt ohne Aufkleber war – ›Wo sind denn die schönen Sticker an Ihrem Krad geblieben?‹ verunsichern. Das klappte nicht. Karsten sah schon durchs Fenster, wie aufmerksam sich die beiden Männer das Motorrad ansahen, das vor der Garage stand. Den einen, der eine portierähnliche Kluft trug, erkannte er sofort, den anderen erst später, nachdem sie alle in der Kneipe Platz genommen hatten. Hufnagel und Hattke setzten sich in eine Ecke am Fenster, Merck und Schell zwei Tische entfernt in die Nähe der Tür. Drei Landwirte am Stammtisch setzten ihren Disput über Maisanbau fort, nachdem sie beiläufig zur Kenntnis genommen hatten, daß Fremde gekommen waren.
Merck brach gleich wieder auf und fragte Bella nach der Toilette. Sie sagte es ihm, und Karsten konnte den Eindruck nicht loswerden, daß der Mann nur die Räumlichkeiten und Nebenausgänge erkunden wollte. Er blieb lange weg. Als er zurückkam, Bella hatte ihnen allen inzwischen je ein Bier und einen Schnaps gebracht, zischte Karsten Bella durch die Durchreiche zu, in die Küche zu kommen.
»Wo hast du den Revolver?«
»Warum?« flachste sie. »Willst du dich erschießen?«
»Die zwei da in der Ecke kenne ich!«
»Ja? Ich nicht.«
»Die waren vorm Parlament. An dem bewußten Tag.«
»Ach so – und nun willst du *die* erschießen?«
»Quatsch doch nicht dämlich. Ich weiß nicht, ob sie zufällig hier sind oder was sie vorhaben. Den Revolver jedenfalls darf niemand finden. Deshalb frag ich. Sie haben sich schon mein Motorrad so interessiert angeguckt.«
»Den Revolver findet niemand.«
»Ich fahre nach Öwe rüber. Zu Karli in die Kneipe. Wenn die hier wieder weg sind, rufst du mich an. Die beiden an der Tür gehören anscheinend auch dazu.«
»Und du meinst, wenn sie dich auf dem Kieker haben, lassen sie dich einfach wegfahren?«
Sie ließen ihn wegfahren, weil er im Leerlauf den abschüssigen Weg zur Straße hinunterfuhr und erst dort Gas gab. Es

dauerte allerdings gar nicht lange, bis er sah, wie sich ein Viertürer quer zur Fahrbahn stellte.
Rotlicht. Stopzeichen.
Karsten schwenkte nach rechts in einen Feldweg ein, durchfuhr einen kleinen Birkenhain und erreichte eine Landstraße, die wegen Bauarbeiten halbseitig gesperrt war. Er mißachtete ohne Folgen das Rotlicht, erkannte die zweite Polizeiabsperrung und umfuhr sie waghalsig über einen Schotterweg, der parallel zur Straße verlief. Im Rückspiegel sah er die verdutzten Beamten den Wagen wenden und einsteigen, aber er sah nicht die Kuhfladen, die ein landwirtschaftliches Nutzfahrzeug von seinem Anhänger verloren hatte, sonst wäre er nicht mit hundertdreißig in diese Schräge gegangen. Wie ein Geschoß flog sein schwerer Körper durch die Luft, nachdem die Maschine von einem Markierungsstein gestoppt worden war, und krachte gegen eine Streusandkiste. »Er ruderte noch mit den Armen«, sagte einer der Verfolger in dem Polizeifahrzeug aus, »so als ob er hoffte, fliegen zu können.«
Als die Nachricht über Funk eintraf, standen Merck und Schell beim alten Lehn, der leere Bierfässer aus einer Kellereinfahrt rollte und die Frage, wohin sein Sohn so plötzlich gefahren sei, nicht beantworten konnte oder wollte. Nun wußten sie es ja; in den Tod war er gefahren. Lehn, der den Funkspruch: »Flüchtender Motorradfahrer tödlich verunglückt« mitgehört hatte, setzte sich auf eine Holzkiste und schüttelte den Kopf. Unentwegt. Es sah aus wie eine Schüttellähmung. Erst als Bella aus dem Haus kam und fragte, was passiert sei, hörte er auf, erhob sich, ging zehn Schritte vorwärts und blieb einfach stehen. Von seiner Hutkrempe tropfte der Regen.
»Was *ist* denn nun passiert?« wiederholte Bella ihre Frage an die beiden Männer, und weil sie das Funkgerät in der Hand des einen sah, fügte sie hinzu: »Sind Sie von der Polizei?«
»Ja«, sagte Merck und zeigte seinen Ausweis. Dann wies er auf den alten Lehn: »Sein Sohn ist gerade tödlich verunglückt. Gehören Sie zur Familie?«
Bella schüttelte den Kopf. »Aber wir wollten heiraten. In der nächsten Woche.«
Dafür, fand Merck, hielt sich ihr Entsetzen eigentlich in Grenzen. Aber manchmal kam der Schock ja auch später. Es

war ihm ganz recht, daß Bella ansprechbar blieb, da konnte er die Fragen stellen, die durch Karstens Tod ja nicht gegenstandslos geworden waren.
»Wir hatten eine Überprüfung in einer ganz bestimmten Sache vor«, erläuterte Merck. »Sieht so aus, als ob er es mitbekommen und die Flucht angetreten hat.«
»In was für einer Sache denn?« wollte Bella wissen und sagte: »Gehen wir doch hinein. Hier regnen wir ja völlig ein.« Als sie in einem kleinen Zimmer hinter dem Schankraum angelangt waren, einer Art Wohnküche, hatte sich Bella etwas mehr persönliche Betroffenheit zugelegt. Ganz gleichgültig schien ihr Karstens Tod doch nicht zu sein. Ein paar Tränen kullerten. Ihr wacher Verstand aber funktionierte. Du weißt von gar nichts, signalisierte er ihr, sonst unterstellen sie dir womöglich Mitwisser- oder Mittäterschaft, zu guter Letzt bist du die Anstifterin.
»Hat er denn was ausgefressen?« fragte sie.
»Haben Sie von dem Tod des PFC-Fraktionsvorsitzenden gehört?« wollte Schell wissen.
»Na ja, durch die Zeitungen. Hat Karsten damit denn zu tun?«
Ein Beamter steckte den Kopf zur Tür herein und sagte: »Hufnagel und Hattke haben ihn identifiziert«, so daß Merck antworten konnte: »Ja, damit hatte er zu tun. Ist das eine Neuigkeit für Sie?«
»Ja.«
»Nichts gemerkt? Nicht mal in seinem Verhalten und so? War er wie immer in den letzten Tagen?«
»Wie immer war er nicht. Gereizt und ängstlich war er.«
»Können wir sein Zimmer sehen?«
»Sicher, das ist gleich nebenan.«
An der Wand hing das vergilbte Foto eines Ritterkreuzträgers der deutschen Wehrmacht, darunter, auf einer Kommode, lagen Landserhefte, in einer Pappschachtel Orden und Ehrenzeichen des letzten Krieges.
Merck öffnete eine Lade und fand ein zerfleddertes Beitragsmarkenheft einer Wanderbewegung, die sich vor zehn Jahren selbst aufgelöst hatte und damals als getarnte nazistische Nachfolgeorganisation registriert worden war, ein Hitlerjugend-Fahrtenmesser, einen SA-Ehrendolch und Videokassetten mit Aufzeichnungen alter deutscher Wochenschauen,

beschriftet und nach zeitlicher Reihenfolge geordnet. Nur die Mordwaffe fand Merck nirgends.
»Wer ist denn das auf dem Foto?« fragte Schell.
»Sein Vater, als er noch jung war.« Und zu Merck, der in den Orden herumwühlte und verstaubte Propagandaschriften der NPD aus einem primitiven Geheimfach des Schreibtisches hervorkramte, sagte sie: »Das ist doch alter Kram!«
»Alter Kram kann auch inspirieren«, erwiderte Merck und sah Bella jetzt ganz dienstlich an. »Und davon wollen Sie nichts gewußt haben?«
»Was heißt denn hier nichts gewußt haben? Keine Bedeutung habe ich dem beigemessen. Wenn das politisch irgendwie belastend ist, kann ich das nicht in Abrede stellen, weil ich mir auch keinen Vers darauf machen kann, warum er den Politiker erschossen haben sollte, aber gesagt hat er nie was.«
»Auch nicht nach der Versammlung des PFC-Ortsvereins hier vor ein paar Wochen?« hakte Merck nach. »Da hat Dr. Helmut Ludewig nämlich gesprochen.«
»Das brauchen Sie mir nicht zu sagen, das weiß ich alleine. Als ich das Bild in der Zeitung sah, habe ich gleich zu Karsten gesagt: ›Du, guck mal, der Typ, der neulich bei der Parteifeier gesprochen hat, ist erschossen worden.‹«
»Und?«
»Nichts und. Ich hab nur... Aber das war später und hat sicher keine Bedeutung.«
»Sagen Sie es trotzdem!«
Sie wischte sich die Tränen ab. »Ich hab im alten Hühnerstall ein Loch entdeckt...«
»Ein Loch?«
»Ja, so etwas Ausgegrabenes und wieder Zugetrampeltes.«
»Und was war da drin?«
»Das weiß ich nicht, ich hab nicht nachgesehen.«
»Dann machen wir das gleich mal.«
Die anderen Einsatzwagen waren inzwischen auf den Platz vor die Gastwirtschaft gefahren. Merck gab kurz ein paar Informationen und nahm einen Beamten zum Ausgraben mit in den alten Hühnerstall.
Wenn Bella das ehemalige Loch nicht selber ausgegraben hätte, hätte sie es wahrscheinlich auch nicht so schnell gefunden.
Einer der Beamten nahm einen Spaten. Schon nach einem

kräftigen Stich kam eine Plastiktüte mit einem Revolver zum Vorschein. Wie sich bei der späteren Untersuchung der Waffe ergeben sollte, war Bella vorsichtig zu Werk gegangen: Es wurden nur Karsten Lehns Fingerabdrücke gefunden.
Auch Ludewigs kleiner Aktenkoffer trug – von Ludewigs eigenen Abdrücken abgesehen – nur Karstens Spuren. Er wurde in einem Bodenraum hinter Gerümpel entdeckt. Die geheimen Parteipapiere waren vollständig erhalten, was die PFC-Partei-Leitung außerordentlich freute, denn Schells These, ein richtiger politischer Attentäter hätte die hochbrisanten Akten nicht einfach mißachtet, konnte niemanden in große Verlegenheit bringen.
»Was heißt das schon: ein *richtiger* politischer Attentäter«, belehrte Merck seinen Kollegen von der Kripo. »Es gibt straff organisierte Gruppen von Profis und dilettantische Einzelgänger, die nicht analytisch, sondern emotional vorgehen. So einer war Karsten Lehn, da gibt es doch gar keinen Zweifel.«
»Ich habe in der politischen Kriminalität nicht Ihre Erfahrungen«, erwiderte Schell süffisant. »Das merke ich schon daran, daß ich angesichts ein paar alter Kriegsorden und Landserhefte gar nicht auf den Gedanken käme, einem Täter politische Motive zu unterstellen.«
Merck lachte. »Was denn für welche?«
»Persönliche. Was für welche, könnte ich erst feststellen, wenn man mit der Untersuchung noch mal bei Null anfinge. Diese Erbschaftsregelung, vor allem aber diese Schenkung zugunsten der Kellnerin, könnte ein Ansatz zu völlig andersgearteten Überlegungen sein. Allerdings gebe ich zu, daß der Partei mit *Ihrer* Lösung besser gedient ist.«
»Jetzt sind Sie aber zynisch, lieber Schell!«
»Nein, nein, bin ich gar nicht. Frau Ludewig wird mit dieser Version auch besser leben können. Ich möchte aber nicht wissen, was uns Karsten Lehn über seine Motive zu sagen hätte, wenn er noch lebte. Wenn ich wirklich ein Zyniker wäre, würde ich sagen, die Partei hat seinem Tod viel zu verdanken.«

An einer besonders feierlichen Stelle in der Rede von Hajo Schult, dem neuen Fraktionsvorsitzenden der PFC im Land-

tag, hat Parteisekretärin Lisa Braun plötzlich eine Vision, die sie nicht ertragen kann: Amtsvorgänger Dr. Helmut Ludewig läuft nach vorn ans Rednerpult und haut seinem Nachfolger eine runter mit den Worten: »Und was machst du im Bett meiner Freundin?«
Lisa stürzt ins Bad.
»Was ist denn los mit dir?« schreit Hajo hinterher, ohne den Blick vom Fernsehgerät zu wenden. Erst als ein Kollege von der Opposition vorn ans Rednerpult tritt, geht Hajo Schult nachsehen.
Lisa sitzt auf dem geschlossenen Klodeckel und trommelt sich mit den Fäusten auf die Schenkel.
»Was hast du denn?«
»Nichts«, schreit sie ihn an. »Nichts! Geh raus und hör weiter zu!«
»Die bringen jetzt die Beiträge von der Opposition«, murmelt Hajo beunruhigt. »Aber in ein paar Minuten kommt das Interview mit mir. Willst du nicht zuhören, falls es dir bessergeht?«
»Nein. Ich will dir nicht zuhören. Hör dir selber zu. Geh raus, du könntest was verpassen!«
»Soll ich einen Arzt –?«
»Nein, es wird schon wieder besser. Geh!«
Da geht er, knotet den Bademantel neu, steckt sich eine Zigarette an und nimmt im Knautschsessel Platz. Hysterische Attacken haben ihm gerade noch gefehlt nach diesen arbeitsreichen Wochen. Er schließt die Badezimmertür, weil Lisa angefangen hat, Wasser in die Wanne laufen zu lassen, und er sein eigenes TV-Wort nicht verstehen kann. Der Moderator leitet schon über.
»Herr Schult, Ihr Vorgänger ist am Tag seiner Amtseinführung auf tragische Weise einem Attentat zum Opfer gefallen. Belastet das einen Nachfolger?«
»Natürlich belastet es ihn«, lauscht Hajo ergriffen seinen Worten. »Zumal Doktor Ludewig auch mein persönlicher Freund war. Ich will die Rede, die ich im Parlament gehalten habe, nicht wiederholen, aber ein Satz verdient vielleicht doch, noch einmal hervorgehoben zu werden: Ich hätte lieber noch von ihm gelernt, als schon in die Pflicht genommen zu werden. Andererseits ist es ein Ansporn, ihm nachzueifern.
»Ein Wort zu dem Attentäter?«

»Er widerlegt auf erschütternde Weise die These, unsere Partei drifte nach rechts ab.«
»Vielen Dank, Herr Schult!«
Lisa kommt aus dem Bad, ein zerknirschtes, um Verzeihung bittendes Lächeln um die Mundwinkel. Das ermuntert ihn zu sagen: »Ich glaube, ich war ganz gut!«
»Natürlich warst du gut. Ludewig war auch gut. Alle in der PFC sind gut.«
»Wenn es dir nur bessergeht. Dann will ich die Ironie gern überhören.«
Er ist ein Kamel, durchfährt es sie, ein völlig phantasieloses Wesen. Daß Helmut auch einmal in diesem Bett gelegen und seinen eigenen Interviews gelauscht haben könnte, kommt ihm gar nicht in den Sinn. Es fehlt nur noch, daß er verheiratet wäre und auch einen Wollfaden in der Socke hätte. »Ich hätte lieber noch von ihm gelernt!« Was denn zum Beispiel? Große Reden schwingen und persönlich nichts davon einhalten?
Warum hat sie mit ihm geschlafen? Weil sie einsam, weil kein anderer da ist? Weil von erfolgreichen Männern etwas Faszinierendes ausgeht? Weil sie lieber Sekretärin eines Fraktionsvorsitzenden ist als die eines einfachen Abgeordneten? Wegen allem ein bißchen?
Während sie in der Wanne liegt, zieht er sich an. Er muß noch einmal nach Bonn zurück. Eine Entführung und Ermordung auf der Fahrt zum Flughafen ist unwahrscheinlich, denn die Partei hat inzwischen dazugelernt. Fraktionsvorsitzende haben jetzt unmittelbar nach Amtseinführung Leibwächter. Diese sitzen unten im Auto und lösen Kreuzworträtsel. Wenn Ludewig auch schon Leibwächter gehabt hätte, könnte er es immer noch sein, der im Knautschsessel sitzt und ihr beim Verlassen des Bades zuflüstert: Riechst du aber gut!
So ist es Hajo, der sagt: »Riechst du aber gut!«
Und siehe da: Sie freut sich trotzdem, kocht einen Tee zum Abschied, setzt sich auf die Bettkante und sieht ihn lieb an und stört sich nicht an den Aktennotizen, die er zu machen hat. Erst als er aufblickt, fragt sie: »Glaubst du wirklich, daß der Täter politische Motive hatte?«
»Was denn sonst für welche«, erwidert er und schaut auf die Uhr. »Für eine persönliche Aversion gibt es nicht die gering-

sten Anhaltspunkte. Wie sollte ein privater Kontakt angesichts dieser Niveauunterschiede auch jemals zustande gekommen sein? Ja, ich muß gehen, mein Schatz. Wenn du mir, wie früher, den Haustürschlüssel mitgibst, kann ich ihn wieder in den Briefkasten werfen, und du brauchst nicht mit nach unten.«
Lisa sieht keinen einleuchtenden Grund, warum es nicht auch mit dem Haustürschlüssel mit Hajo wieder so funktionieren sollte, wie es zwei Jahre lang mit Helmut funktioniert hat.
»Zum Wochenende bin ich wieder da!«
»Ja, tschüs. Paß gut auf dich auf!«
Auf dem Balkon hängt diesmal keine Wäsche, sie kann sehen, wie er unten aus dem Haus kommt. Die Leibwächter legen ihre Illustrierten weg, kleiner Wortwechsel, Start. Der Wagen ordnet sich in den fließenden Verkehr ein.
Zum Flughafen, meine Herren, nicht etwa zu dem alten Güterbahnhof!
In den Abendnachrichten kann Lisa das Interview mit Hajo dann noch einmal in aller Ruhe anhören. Jetzt, ohne Hajo auf dem Bett, hat sie keine albernen Visionen. Und schlecht ist das Interview wirklich nicht, da hat Hajo recht! »Ich hätte lieber noch von ihm gelernt, statt schon in die Pflicht genommen zu werden« – das ist bei aller Schlichtheit ergreifend.
Und dann ruft er auch noch einmal an! Vom Flughafen aus.
»Du störst! Ich sehe fern!«
»Na hör mal!«
»Das Interview mit dir. Es kommt gerade in den Abendnachrichten!«
»Du bist eine süße Verrückte. Alleine: ja, aber mit mir zusammen nicht.«
»Die Freundin eines bedeutenden Mannes zu sein führt halt zu den merkwürdigsten seelischen Ausfallerscheinungen. Es wird nicht wieder vorkommen.«
»Um so besser. Du, meine Maschine wird aufgerufen. Schlaf gut. Küßchen.«
»Ich küsse dich auch.«
In den Nachrichten kommt jetzt eine Stellungnahme des Generalstaatsanwalts zur Täterschaft des tödlich verunglückten Gastwirtssohns Karsten Lehn und über seine Motive. Sie seien, sagt er, zweifellos politischer Natur und dem Terrorismus

zuzurechnen. Der Mangel an intellektueller Präzision entkräfte das nicht, die Geschichte kennt sehr viele Beispiele politischer Triebtäterschaft.
Das klingt überzeugend, genauso überzeugend wie das Interview, das Hajo gegeben hat. Lisa Braun geht auf den Balkon und schüttelt die Bettwäsche aus.

MICHAEL MOLSNER

Und willst du nicht mein Bruder sein

Neuer Job, neue Mark. Aber ich hatte den Job noch nicht. Um meine Nervosität vor dem Vorstellungsgespräch loszuwerden, trainierte ich nachmittags zwei Stunden in unserem Center; ich kann da jederzeit rein, hab meinen eigenen Schlüssel.

Für den Heimweg ließ ich mir Zeit, bog von der Schnellstraße zum Main ab und schaute eine Weile der Fähre zu. Sie tuckerte gerade vom andern Ufer herüber. Nur wenige Fußgänger sprangen auf den Kai und verschwanden zwischen den Fachwerkhäusern, in denen früher mal Fischer gewohnt haben sollen.

Der Fährmann qualmte aus einer kurzen Pfeife, seelenruhig wartete er auf neue Passagiere. Kamen keine, fuhr er nicht. Unglaublich, daß es solche Jobs überhaupt noch gab. Rundum die qualmende Riesenstadt mit ihrem ewigen Gibst-du-mir-nichts – Geb-ich-dir-nichts... Und da verbrachte einer sein Leben damit, nach Bedarf von einem Ufer zum andern zu pendeln. Und sah ganz zufrieden aus. Ob er ein bißchen verkalkt war, dieser Pfeifenraucher? Weich im Keks?

Wir hatten eine elektrische Uhr in unserer Tiefgarage. Kurz nach fünf erst. Ich stellte den Wagen auf dem weißen Rechteck ab, das mit der Nummer meiner Wohnung gekennzeichnet war. 14 E – vierzehnter Stock, die fünfte Wohnung. Es waren eineinhalb Zimmer; für Miete, Heizung und Telefon arbeitete ich zwei Wochen. Was ich in den restlichen zwei Wochen verdiente, ging für die Möbelraten drauf. Für Essen, Kleidung und so fort arbeitete Helga.

Das Telefon klingelte, als ich aufschloß. Ich verstaute noch die Trainingstasche im Einbauschrank, bevor ich abhob. »Kaj Wulff.«

»Ich bin's, Schatz, du, bei mir dauert's ein bißchen länger. Ich muß noch zwei Briefe fertigmachen und zur Post bringen.«
Ich lächelte. Ein Reflex. Ich lächelte immer, wenn ich Helga zuhörte, wie sie viel zuviel auf einmal sagen wollte. Oder wenn ich sie sah. Egal, wie ich sonst gelaunt war. »Ich trete doch erst um acht zum Vorstellen an. Wenn du bis sechs hier bist, können wir noch bequem zusammen essen. Vor sieben fahr ich nicht los.«
»Sieben ist zu früh. Aber –«
»Ich kenn die Strecke nicht, vielleicht muß ich 'ne Umleitung fahren.«
»Aber hast du nicht *noch* 'ne Verabredung vorher?«
»Ich?«
Sie lachte. »Du siehst, ich weiß alles. In einer Stunde?«
»In einer Stunde ist es sechs, da treffen *wir* uns.«
»Es war ein Mann. Er hat gefragt, ob ich dir was ausrichten kann, und ich hab gesagt, klar... Da hat er gemeint, du sollst die Verabredung vom vorigen Mal heute einhalten. Um sechs heut' abend in der gleichen Beize.«
»Beize?« Den Ausdruck kannte ich aus Süddeutschland. »Ich weiß nicht, um was es geht. Hat er seinen Namen genannt?«
»Ich hab ihn danach gefragt. Er hat gelacht und gemeint, du würdest es schon erraten. Aber –«
»Keine Ahnung!«
»Aber wenn nicht, soll ich ausrichten, das Vögelchen braucht ein bißchen Futter. Dann wüßtest du schon.«
»Du machst doch 'nen Witz?«
»Ich hab auch gelacht. Und war eifersüchtig, Kaj. Vögelchen klingt nach einer Frau! Aber –«
»Jetzt halt mal die Luft an.«
»Aber es war ein Mann. Schwabe, dem Akzent nach.«
»Irgendwer verkohlt dich. Jetzt mach deine Briefe fertig und komm heim. Eingekauft hast du doch?«
»Klar.«
»Okay, essen wir zusammen. Bis dann.«
Ich hielt mich nicht für dumm. Wußte allerdings, daß ich manchmal zu langsam dachte. Scharf genug für meine Zwecke – nur langsam. Schnell sind meine körperlichen Reflexe.

Ich hatte bereits geduscht und war dabei, in meinen sandfarbenen Sommeranzug zu steigen, als Helgas Information, die in meinem Kopf herumschoß wie eine Flipperkugel, auf den richtigen Kontakt traf.
Wie ein neues Bild auf dem Fernsehschirm, wenn man den andern Programmknopf drückt, war die Erinnerung da.
Ihr seid wie die Vögel im Käfig, Jo. Die wollen auch immer raus. Und vergessen ganz, daß sie im Käfig immerhin gefüttert werden. Draußen gibt ihnen keiner was.
Da war ich gerade arbeitslos geworden.
Jo grinst mich durch das Gitter an, das die Häftlinge von den Besuchern trennt. »Auch das schrägste Vögelchen will mal fliegen, Kaj.«
Das Herz pumpte schwerer in meiner Brust als heute nachmittag nach dem Intensivtraining. Schwerer als nach so manchem Kampf.
Ich fuhr schon im Lift nach unten, als mir einfiel, daß ich Helga nicht mal einen Zettel hinterlassen hatte. Ich wäre umgekehrt und wieder raufgefahren. Aber als der Lift an der Erdgeschoßebene vorbeisank, sah ich durch die Sichtscheibe Besuch für mich.
Er war nicht allein. Sie kommen ja immer zu zweit. Diesmal hatte er eine junge Frau bei sich. Obgleich er sein Gesicht abgewandt hielt – ein paar Rockertypen mit Bierdosen kamen die Treppe runter und machten Krach dabei –, erkannte ich ihn sofort. Es war Borowik von der Offenbacher Mordkommission.
Nur zwei Jahre hätte Jo noch abzusitzen gehabt.

Mit der »Beize«, in der wir uns das letzte Mal verpaßt hatten, konnte er nur den Coffee Shop meinen. Vor dem Lokal gab's keine Abstellplätze; ich fuhr langsam vorbei und hielt durch die Scheiben Ausschau nach meinem Bruder. Erkannte aber nur Umrisse von Köpfen, keine Gesichter und mußte dann schon zum Parkhaus abbiegen. Mein Kopf wurde zum Videogerät, ich starrte in lauter alte Filme rein.
Der Meister zeigt auf sein Glaskabaus am Beginn des Montagebands und schreit mir ins Ohr: »Telefon!«
Kann nur eine Familienangelegenheit sein, und zwar eine unerfreuliche... Jos Stimme ist auch bei dem Krach unverkennbar: »Kaj, sorry Mann, aber ich sitz in der Scheiße.«

»Was is denn passiert?«
»Ich sag's dir grad raus – ein Kumpel und ich, wir haben bei einer Bank Geld abheben wollen. Größeren Betrag. Ohne Scheck, verstehst schon.« Sein Lachen ist warm, anstekkend.
Mein Bauch verwandelt sich in einen Eisklumpen, als ich ihn diesen Ton anschlagen höre. »Jo…« Der Meister schaut mich scharf an. Wenn der Anlaß nicht ernst genug ist, wird er Stunk machen. Ich versuche, die richtigen Formulierungen zu finden. »Also ein Unfall. Wie schwer? Hat es Tote gegeben?«
»Bist nicht allein, Kaj?«
»Red schon.«
»Ich schwör dir, ich hab den Bumbatsch bloß zur musikalischen Untermalung mitgenommen. Hab mir halt dacht, wenn ich's knallen laß, dann entschließen die Bankleut sich schneller, weißt? Verlieren nicht ihr Gesicht, wenn sie mir die Blauen rüberschieben…«
»Wie kam der Unfall zustande?«
»Ha… Muß doch so ein Obergscheitle nach meinem Lauf patsche. Ich hab vor lauter Schreck noch amal abdrückt. Kannst dir denke…«
»Was sagt die Polizei?«
»Ja, also das möcht ich lieber aus der Zeitung erfahre. Kaj – ich brauch a bißle Kleingeld.«
»Du hast nichts – eh, abheben können auf der Bank?« Ich schaute nach dem Meister, doch er hatte sich schon weggewandt.
»Kaj, versteh mich doch… Wie der da so blöd seine Auge verdreht und ich glotz genauso blöd den rote Fleck auf seim suwaweiße Hemd an… Du, da isch mir ganz anders worde. Ich hab mich g'fühlt wie vor Gottes Thron, kann i dir sage.«
»Gut, ich komm. Ich bring auch Geld mit. Wo treffen wir uns?«
»Kennsch du eine Beize namens COFFEE SHOP?«
Es war sonderbar, jetzt wieder darauf zuzugehen. Die Fenster: breite Rundbogen, dahinter – von der Straße aus deutlicher sichtbar als die Gäste – Palmwedel. Ich schaute von außen rein, es war eine wasserklare Scheibe, aber von Jo sah ich nichts.
Drei Stunden hatte ich damals gewartet. Ich konnte ja nicht

wissen, daß er bereits verhaftet war. Sein erster Toter, hatte ich immer wieder gedacht.
Bevor ich diesmal reinging, schaute ich mich auf der Straße noch mal um. Kein Jo.
Eine Viertelstunde später kam er ganz munter, als wenn er nicht ausgebrochen und auf der Flucht wäre, durch die Drehtür herein und mit seinem nettesten Grinsen auf mich zu – Arme ausgebreitet, er schlug sie hinter mir zusammen wie einen Kittel. »Gut siehst aus. Das hält dich echt jung, dein Karatekatzbalgen!«
»Siehst selber gut aus, Jo. Gar nicht käsig.«
»Ich war doch der Volleyballstar in der Anstalt. Die große weiße Hoffnung vom süddeutsche Vollzug.« Wir traten nebeneinander an den Tresen. »Entschuldigst schon, daß ich a bißle spät komm... Aber ich hab schaue müsse, ob du unfreiwillige Begleitung mitbringsch. Bist aber clean.«
Unwillkürlich schaute ich durch die wasserklare Scheibe raus. Als ob ich außer Borowik jemand erkannt hätte, falls wir beschattet worden wären. Woran erkennt man Kripo? Ich weiß es nicht.
»Großes Pils«, sagte Jo. »Und habe Sie noch die guten T-Bones vom Grill? Okay, dazu Backkartoffel, zwei – und frische Pfifferling gibt's auch? Prima. Mit Peterling und Butter für mich. Wie klingt des, Kaj, alter Katzbalger?«
»Bedrohlich. Ich hab bloß zwei Fuffziger dabei.«
»Mit eim zahlst, den andern gibst mir dann mit.«
Ich dachte an mein Vorstellungsgespräch in Maiwald, hundert Kilometer hatte ich zu fahren, und nicht mehr als zehn Liter im Tank. Das konnte knapp werden... Jo stieß sein Pilsglas prostend gegen meine Limoflasche: »Auf bessere Zeite!«
»Warum bist du ausgebrochen?« fragte ich, als wir getrunken und uns die Lippen abgewischt hatten.
»Ha – ich hab doch nix anders mehr im Kopf ghabt die letzte Zeit!«
»Hättst nur noch zwei Jahre aushalten müssen. Weniger bei Straferlaß.«
»Weißt du, wie lang zwei Jahr sind?«
»Wenn sie dich jetzt wieder einfangen, gibt's keinen Erlaß und noch was dazu.«
»Und net wenig, Kaj.« Er grinste und sagte in dem vertrau-

lichen Ton, der sonst bei der Weitergabe erotischer Erfahrungen gebraucht wird: »Es war ein *bewaffneter* Ausbruch. Mit'm Pröll auch noch.«
Der Magen ist das Organ, mit dem ich auf Jo reagiere. Er zuckte wieder und begann weh zu tun.
Ich versuchte, ruhig zu bleiben, aber er ließ sich nicht täuschen: »Jetzt guck net so, du kommst da net naus, wenn du net en Wachtel als Geisel nimmst. Und da brauchst halt an Bumbatsch.«
Wir aßen und tranken langsam.
»Und den hatte Pröll?«
»Genau.«
»Wo ist er jetzt?«
»Ich glaub, er will in den Süden, Richtung Schweiz, Südfrankreich. Er hat so was andeutet.«
»Und du?«
»Fährst mich über die Grenz? Ich will nach Paris und dann auf Wiedersehn Europa, am liebsten wär mir Mittelamerika, vielleicht sogar nüber übern Pazifik bis Neuseeland oder Australien. Aber zuerst brauch ich gute Papiere, und die krieg ich am eheste in Paris, also zuerst muß ich über d' Grenz nüber. Wie isch's damit, Kaj, alter Katzbalger?«
Ich sah auf meine Uhr. Fast sieben. Schon mal hatte ich wegen ihm meinen Job verloren. Der Job, um den es heute abend ging, war mir noch wichtiger. War interessant, sogar finanziell. Konnte meine Zukunft verändern. Jo dagegen hatte keine Zukunft mehr, er wußte es bloß nicht, träumte noch vom Entkommen in pazifische Paradiese. Blödsinn: Leute wie Jo wurden an jeder Grenze dutzendweise geschnappt.
Sich selber konnte er ohnehin nicht entkommen. Das allein brachte ihn um jede Chance. Er war sein eigener, schlimmster Feind.
»Ich kann nur eins für dich tun, Jo.« Ich zog mein Adreßbuch heraus, blätterte, riß das entsprechende Blatt ab. »Pierre Lhoret, auf dem Montparnasse... Ich hab zweimal gegen ihn gekämpft, und wir haben unsere Adressen ausgetauscht. Dahin schick ich dir Geld.«
»Wieviel hast denkt?«
»Mehr als tausend kann ich nicht entbehren. Und noch was, Jo. Das ist das letzte, was ich dir gebe. Ich meine nicht bloß, das letzte Geld. Sondern daß ich von jetzt ab in gar keiner

Weise mehr für dich... aktiv werden möchte: Geld geben oder Autos fahren oder Beamte anlügen oder Magenschmerzen haben will. Es ist aus.« Ich lächelte ein bißchen. »Ich mach Schluß mit dir – würde ich sagen, wenn du ein Mädchen wärst.«
Auch er lächelte, aber seine Augen wurden wachsam und kalt.
Er dreht das Bierglas – es war das dritte – zwischen Daumen und Zeigefinger. Er schien verletzt. Egal. Ich mußte lernen, es gleichgültig zu finden, ob er verletzt war oder nicht.
»Es ist keinem was gschehn bei dem Ausbruch. Wir ham es in aller Früh gmacht, mit am Wachtel als Geisel sind mir zum Tor, die Torwachtel habe mir eingschlossen, mit'm Privat-Pkw vom Oberschließer – also vom Direx – sind mir nach Ulm... Es ist alles glattgangen.«
»Pröll hat vier Leute umgebracht. Du weißt, daß er pervers ist. Ein Lustmörder.«
»Ha – ich hab doch selber den großen Tatterich ghabt, daß er unsern Wachtel niederbafft mit seim Bumbatsch. Aber nix is gschehn. Also was nimmst krumm?«
»Ich kann's dir nicht klarmachen. In deinem Motor fehlt halt ein Teil, der bei andern eingebaut ist.«
»Was meinst eigentlich?«
»Soll ich dir erklären, daß jeder normale Mensch ein Gefühl hat, ein Mitleiden für den Schmerz des andern?«
»Ja *glaubst* du mir nicht, daß nix passiert ist?«
»Jo... Dieser Justizvollzugsbeamte hat doch Todesangst ausgestanden, als ausgerechnet der vierfache Mörder Pröll ihm die Pistole vorhielt! Vielleicht zittert er jetzt noch.«
»Berufsrisiko.«
»Der Mann hätte vor Angst sterben können!«
»Das war wieder *unser* Risiko!«
Ich sah auf die Uhr. »Ich muß los. Mach's gut – so gut du kannst. Von jetzt ab hab ich nichts mehr mit dir zu tun. Bitte respektier meine Entscheidung.«
Er kicherte plötzlich. »Ha, du redst echt, wie wenn ich dein Verhältnis wär und net dein kleiner Bruder. Wann kann ich des Geld haben?«
»In drei Tagen bei Pierre in Paris. Und, Jo, Pierre ist ein guter Kämpfer. Ich hab gegen ihn verloren. Also probier lieber nichts bei ihm.«

»Ich?!«
»Nicht daß du ihm auch so einen Bumbatsch vorhalten willst und er dich im ersten Schreck umbringt.«
»Jetzt spinn nicht. Ja sag, traust du mir eigentlich alles zu? *Ich* bin doch kein Pröll!«

Auf der Fahrt nach Maiwald versuchte ich cool zu bleiben. Es ist immer das gleiche zwischen Jo und mir: Er will mich schockieren, und ich mag mich nicht schockieren lassen. Schon als Kinder haben wir dieses Spiel gespielt.
»Du hast ja zerschnittene Hände, Jo.«
»Ja weisch, mir hen so a Schaufenster eingschlage, da isch's passiert. Was muß des blöde Glas au so splittere!«
»Und was hast du davon, wenn du Schaufenster einschlägst?«
»Zigarette und Schnaps. Kaufe jetzt, zahle später – haha!«
Und er hat ja auch immer dafür bezahlt, der blöde Hund. Früher *oder* später. Ich fuhr zu verkrampft, das merkte ich. Zu aggressiv für die schmale Landstraße. Es hatte keinen Sinn, die Kurven zu schneiden – entgegenkommende Fahrer schnitten sie auch, so entstanden zweimal kurz hintereinander gefährliche Situationen.
So eine Wut im Bauch kann weh tun wie ein Geschwür. Ich *habe* kein Geschwür. Sagt der Sportarzt. Dieser Schmerz im Magen, den ich manchmal auch vor schweren Kämpfen spüre – manchmal *nach* schweren Kämpfen, besonders wenn ich verloren hab –, ist nervös bedingt. »Du schluckst zuviel Frust runter«, sagt der Sportarzt.
Aber Rumschreien ist nicht meine Art.
Vor Maiwald rückten die dunklen Fichtenfronten links und rechts bis an die Straße vor, Nebel kam auf, und dämmrig wurde es sowieso. Ich schaltete die Scheinwerfer ein.
Daß ich die Katze überfuhr, war nicht meine Schuld. Hätte jedem passieren können. Das Tier saß genau unter dem gelben Ortseinfahrtsschild und äugte mir mit hochgestellten Ohren entgegen.
Ich hatte noch nicht vom vierten auf den dritten Gang zurückgeschaltet, was ich vielleicht hätte tun können. Die Katze saß aber nicht auf der Straße – sonst hätte ich zu bremsen versucht, sie saß *neben* der Straße auf der begrasten Böschung. Und wer denkt schon daran, daß das dumme Vieh ein heran-

kommendes Auto *sieht* und trotzdem auf die Fahrbahn springt?
Es holperte weich und dumpf, als mein linkes Hinterrad über sie wegrollte.
Ich fuhr weiter bis zur Parkbucht für den Autobus. Dort hielt ich an. Schaltete die Warnblinkanlage ein und ging zu Fuß zurück.
Es war kein Blut auf der Straße, und die Katze war weg. Ich kletterte links und rechts die Böschung hoch und schaute unter den Bäumen nach. Aber da war Unterholz, dunkel wurde es auch schon, und obleich ich horchte, hörte ich keine Klagelaute.
Als ich zum Auto zurückging, merkte ich, daß ich plötzlich viel ruhiger war.
Das nächste Opfer konnte ein Mensch sein. Ich selber konnte das nächste Opfer sein – wenn ich mich von Jo zu sehr beeindrucken und in meinen Reaktionen beeinträchtigen ließ. Von der Katastrophe, die er aus seinem Leben machte. Wäre die Wut auf ihn nicht gewesen, diese schmerzende Wut im Bauch, ich hätte hundert Meter *vor* dem Ortsschild vom vierten auf den dritten Gang runtergeschaltet. Das ist nämlich sonst meine Gewohnheit.
Ich war für acht angesagt – jetzt war's erst Viertel vor. Machte vermutlich keinen guten Eindruck, zu früh zu kommen. Ich setzte mich also ins Auto und rauchte langsam eine von den zehn Filterzigaretten, die ich mir pro Tag genehmigte. Und horchte in den Wald.
Das Zwitschern der Vögel am Abend ist eine Musik, die man in der Stadt leicht überhört.
Kurz vor acht fuhr ich weiter. Kein Mensch war vorbeigefahren. Abgelegenes Fleckchen, dieses Maiwald.

Das Haus lag, wie von Dr. Plüttner angekündigt, am Ortsende. Es war dreiseitig von Wald umgeben; aber auch von der Straßenseite her sah ich mehr Bäume als Haus: eine Fichtenzeile schirmte das Grundstück gegen Neugierige ab.
Ich stieg aus und klingelte.
»Ja bitte?« Dr. Plüttners Stimme aus der Sprechanlage.
»Guten Abend. Kajetan Wulff.«
»Guten Abend.« Ein Summen. Ich drückte die sehr schwere Gittertür auf – sie hing in einem Stahlrahmen – und ging zwi-

schen blühenden Ziersträuchern und bunten Blumenpolstern zum Haus. Da auch auf dem Grundstück mehrere Fichten standen, machte das Anwesen insgesamt einen überraschend düsteren Eindruck. Dafür roch die Luft würzig und frisch, wie sie in der Stadt nur sehr früh morgens riechen kann.
»Ich freue mich, daß Sie gekommen sind, Herr Wulff.«
Ich nickte, grinste, gab Händchen und folgte Dr. Plüttner ins Haus.
Nach der Düsterkeit des Grundstücks fand ich jetzt auch die Diele irgendwie unfroh und überladen. Der Brunnen in der Mitte war mit Muscheln besetzt wie ein selbstgemachter, nicht protzig, aber klotzig. Nett fand ich die Goldfische im Becken. Wenn auch altmodisch.
Beim Eintreten ins Wohnzimmer fiel eine Riesenholzfigur auf. Zimmerhoch stand das Ding vor der Rückwand, eine indische Göttin mit vielen Armen, die rätselhaft lächelte.
Drei lebendige Frauen waren auch da, lächelten aber nicht. Sie saßen um den Kamin herum und musterten mich aggressiv – so zwischen spöttisch und abwehrend lagen ihre Blicke. Angezogen waren sie wie Studentinnen, obwohl sie übers Studieralter hinaus waren. Keine trug einen Büstenhalter – auch Dr. Plüttners schwere Brüste wippten lose unter der leichten Sommerbluse, als sie sich geziert-tänzerisch erst zu mir und dann wieder zu den drei andern Frauen umdrehte.
»Also das ist er. Was sagt ihr? Herr Wulff, ich hoffe, es stört Sie nicht, daß Sie von meiner Weibergruppe begutachtet werden. Ich geb sehr viel auf das Urteil der Damen.«
»Begutachten Sie nur«, sagte ich zu dem Trio und blieb stehen. Es machte mir nichts aus. Unsere Kämpfe sind auch oft öffentlich, ich hatte mich längst daran gewöhnt, von Fremden angestarrt zu werden. Ein Sportler, der auf so was empfindlich reagiert, ist arm dran.
»Aber Sie dürfen sich doch um Gottes willen selbstverständlich hinsetzen!« rief Dr. Plüttner. Ihre Blicke und ihr Lächeln wirkten auf mich etwas zu lebhaft, um ganz echt zu sein – sie tat munter wie ein kleines Mädchen, das sich wichtig macht. Etwas affig steckte sie sich eine Zigarette an und hielt sie nach dem ersten Zug von sich ab wie einen Joint, bevor man ihn weitergibt. »Oh, Verzeihung«, sagte sie dann plötzlich, als ich den freien Sessel besetzt hatte, »Sie wollen vielleicht auch rauchen?«

»Ich rauche sehr wenig, danke nein.«
»Einen Drink? Sherry, Whisky, Wodka, Bier?«
»Alkohol überhaupt nicht, aber wenn Sie Cola hätten? Oder Mineralwasser?«
»Selbstverständlich.«
Sie flatterte in die Küche, und ich hörte sie klappern. Eine wenig angenehme Person, mit Mitte Dreißig zog sie eine Schau ab wie ein Teenager. Mir kam es aber auf den Job an, nicht auf den Boß. Alle Bosse haben ihre Eigenheiten, wer sich daran schon reibt, sollte lieber gleich Stütze beantragen.
Die Freundinnen, denen das Theater gelten mußte (denn warum hätte sie *mir* was vorspielen sollen), stellten die üblichen Fragen. Problemlos hergefunden? Dichter Verkehr noch in der Stadt? Wirklich nie Alkohol? Dann kam Dr. Plüttner aus der Küche zurück, servierte mir das Tablett mit Colaflasche, Glas und Eisschale schwungvoll wie eine Kellnerin und rief:
»Kein Alkohol, da seht ihr's, so ernst nimmt Herr Wulff seinen Sport!«
Ob ich so ehrgeizig sei, fragte die Jüngste und legte die Hand zwischen ihre nackten Schenkel; sie trug sehr knapp abgeschnittene Jeans als Shorts.
Nun ist es beim Karate so, daß es nicht bloß auf die richtigen Griffe ankommt; die kann jeder lernen, der lange genug übt. Wenn man sportlich was darstellen, also Gürtel haben will, dann darf man diese Griffe nicht eigentlich »machen« – man muß so weit kommen, daß die Griffe sich sozusagen von selber ergeben, ohne daß man lang überlegt. Ich erklärte das und fügte hinzu, das wichtigste seien schnelle Reflexe, ungefähr wie bei einem Fußball-Torwart. »Und da ist Alkohol Gift. Leider.«
»Leider, sagt er! Also Sie möchten schon!« rief Dr. Plüttner mit einem irgendwie schelmischen Lächeln und sah zu den andern, als erwarte sie Beifall.
»Na Gott, ein schönes kühles Weizenbier an einem Sommernachmittag, wenn die Sonne runterknallt – das ist doch einer von den größten Genüssen.«
»Und diesen Genuß versagt er sich!« rief sie zufrieden. »Das ist Disziplin.«
»Ich weiß nur, was ich will.«
»Weizenbier wird doch mehr in Süddeutschland getrunken?« fragte die Junge in den Hot pants.

»Wir haben früher in Süddeutschland gelebt. Meine Familie, meine ich.«
Es trat nun, wie es manchmal so geht, eine Verlegenheitspause ein. Ich dachte schon, die Begutachtung sei beendet und man könne endlich zur Sache kommen – nämlich zu dem Geld, das ich verdienen sollte (alles andere war mir erst mal egal)... Da fragte die Älteste mich in schroffem Ton: »Wieso sind Sie eigentlich ausgerechnet auf Karate gekommen, Herr Wulff? Gut, Sie mögen Sport, das versteh ich – aber warum nicht was Friedliches wie Wasserball oder Tischtennis?« Ich war ihr von Anfang an unsympathisch gewesen. Eine hagere Person mit kurzgeschorener grauer Drahthaarbürste.
»Oh, Senta, das betrifft seine Intimsphäre, das gilt nicht!« rief Dr. Plüttner. »Sie müssen nicht antworten, Herr Wulff!«
»Wieso, es ist ein Vertrauensposten. Wenn ich Ihr Bodyguard sein und sogar in Ihrem Haus wohnen soll –«
»Es ist eine schöne Einliegerwohnung mit Küche und Bad und separatem Gartenausgang!«
»– dann können Sie das ruhig wissen. Ich bin nicht groß, das sehen Sie ja, nur einsvierundsiebzig. Und auch nicht besonders massiv. Zweimal bin ich zusammengeschlagen worden. Seit ich Karate kann, ist das nicht mehr passiert. Das war der Grund.«
Sie wollte nicht, daß ich den Job kriegte, die alte Hexe. Sie sagte, sie sei froh, in einem Milieu zu leben, wo die Menschen ihre Streitigkeiten ohne Gewalt austrügen. Aber die andern lachten und meinten, sie sei naiv, und Dr. Plüttner sagte sehr ernst – geziert ernst, theatralisch: »Nein, Senta, ich laß mir Herrn Wulff nicht ausreden, dieser Überfall in Moorweiler drüben, der hat mir wirklich den Rest gegeben, ich fühl mich nicht mehr sicher, ich *brauch* einen Schutz hier, so abgelegen, wie das Haus ist. Und denk an den netten Beamten von der Wache – Sie brauchen einen Schutz hier draußen, hat er nachdrücklich gesagt. *Sehr* nachdrücklich, Senta...«
Als ich um zehn meinen Diener machte, hatte ich den Job.

Weil sie sich mittags eher Zeit nehmen konnte, rückte ich am hellen Mittag zum Arbeitsantritt an, und sonderbar – auch jetzt, als die Sonne senkrecht über uns stand, wirkte das Grundstück düster. Die vielen Fichten machten es. Warum keine Laubbäume? Ich stellte ihr die Frage, und sie erklärte:

»Mit Nadelbäumen hat man auch im Winter Grün um sich... Das meinte jedenfalls mein Vater, der hat hier alles geplant und eingerichtet. Oder glauben Sie etwa, *ich* hätte mir so einen Muschelbrunnen in die Diele gesetzt?«
Sie hatte im Bikini auf der Terrasse gelegen, als ich angekommen war – da gab's allerdings Licht und Sonne genug. »Sonst lieg ich hier oben ohne.« Ich drehte mich zur Straße um und sah, daß es möglich war: die eng nebeneinander gepflanzten Fichten bildeten eine undurchsichtige grüne Mauer.
Ich sagte, sie solle sich meinetwegen keine Unbequemlichkeiten machen.
»Oh, ich will Sie doch aber nicht – na, in unziemlicher Weise aufreizen!«
»So schnell werd ich schon nicht zum Tier.« Ich fing an, mir ein bißchen Sorgen zu machen. Ich setzte auf diesen Job. Wenn sie sich in meiner Gegenwart unbehaglich fühlte, gehemmt, dann würde ich nicht mal die Probezeit überstehen. Sie sollte sich nicht unsicherer fühlen durch mich, sondern sicherer – dafür bezahlte sie mich schließlich.
Die Einliegerwohnung, die sie mir schon am ersten Abend kurz gezeigt hatte, sah am Tag noch besser aus. Diele, Küche, Bad, ein geräumiges Wohnzimmer. Und zwei kleinere Räume; einer sollte unser Schlafzimmer werden, aus dem andern wollte ich zunächst eine Art Hobbyraum machen.
Dr. Plüttner führte mir noch mal alles vor: die Küche mit kombiniertem Kühl- und Gefrierschrank und einem modernen Herd einschließlich Grillvorrichtung. Das Bad mit Duschecke. Vor allem auch den Wohnraum mit separatem Garteneingang. »Selbstverständlich können Sie diesen hinteren Teil des Gartens jederzeit für sich nutzen«, sagte sie. »Und wenn nach Ablauf der Probezeit Ihre Frau hier mit einzieht, kann sie gern auch ein Küchenbeet für sich anlegen, ich hab nichts dagegen.«
»Falls Helga zum Gärtnern Zeit bleibt, Frau Plüttner. Sie will ja noch ein, zwei Jahre weiterarbeiten, bevor wir an Kinder denken.«
»Ich verstehe.« Und wirklich, sie machte einen verständigen, freundlichen Eindruck an diesem Mittag. Offenbar gehörte sie zu den Leuten, die in Gesellschaft von Freunden angeben müssen – aber plötzlich normal werden, wenn man mit ihnen allein ist.

Für unsere Führung durchs Haus hatte sie sich einen Bademantel umgeworfen. Nicht ohne Grund: Der Nachteil dieser Einliegerwohnung bestand darin, daß sie nach hinten, nach Norden hinaus gelegen war und nie direkte Sonneneinstrahlung bekam. Aber weil Helga und ich tagsüber arbeiteten und sonntags den Garten benutzen konnten, schien mir das keine Rolle zu spielen. Ohnehin konnte ich mich überall zu Hause fühlen, wo Helga wohnte.
Als wir wieder auf die Terrasse zurückkamen, legte Dr. Plüttner den Bademantel zur Seite, und da sie zu zögern schien, grinste ich sie ermunternd an: »Sie dürfen mir jetzt nicht das Gefühl geben, daß ich Sie irgendwie beeinträchtige, Frau Plüttner. Ich kann mich nur wohl fühlen, wenn ich sozusagen mit zum Inventar gehöre.«
»Sehr gescheit. Ich bin ganz zuversichtlich, daß wir gut miteinander auskommen.« Trotzdem lachte sie etwas verlegen auf, als sie das Oberteil des Bikinis abnahm. Ich kann nicht sagen, daß der Anblick ihrer recht schweren, länglich-melonenförmigen Brüste mich besonders aufgeregt hätte. Ich steh auf kleine Busen, wie Helga einen hat.
Ich schaute einen Augenblick ganz offen hin, dann grinste ich und sagte: »So, das hab ich nun also auch gesehen. Wenn's Ihnen recht ist, guck ich mir anschließend dieses Maiwald mal genauer an.«
Sie war, wie mir schien, rot geworden. Das konnte aber auch von der Sonne kommen. »Ihre Schlüssel.« Sie legte sie neben sich auf den Gartentisch, und von dort nahm ich sie herunter. »Fürs Gartentor und die Garage, dann die vordere Haustür, Ihre Gartentür und den Keller.«
»Danke.«
»Ersatzschlüssel finden Sie im Sicherungskasten, falls Sie mal einen verlieren.«
Aber sie hingen alle sicher an einem kleinen Stahlring mit Verschluß. Was immer sie für Fehler haben mochte – ich hatte ihr zickiges Auftreten im Kreis ihrer Freundinnen nicht vergessen –, organisieren konnte sie. Kein Wunder eigentlich, sondern selbstverständlich bei einer Unternehmerin, die den ererbten Betrieb schon seit zwei Jahren selbständig leiten und fast zwanzig Mitarbeiter führen mußte.
Mit dem Gefühl, daß ich die Situation doch letztlich gut gemeistert hatte, wie ein erfahrener Mann und nicht wie ein

Halbstarker, zog ich das Gartentor hinter mir ins Schloß. Die Straße roch sommerlich nach aufgeheiztem Staub. Ein angenehmer Eindruck.
Leider dauerte er nicht lange genug. Ich hörte das Klicken, mit dem eine Autotür aufgeht.
Unmittelbar hinter meinem Wagen und teilweise von ihm verdeckt stand ein zweiter. Ich ging darauf zu. Durch die Windschutzscheibe sah mich Borowik an. Hauptkommissar Karl Friedrich Borowik von der Mordkommission Offenbach – eine der Bekanntschaften, die ich Jo verdanke und auf die ich lieber verzichtet hätte.

Seine Lederjacke verhakte sich an der Autotür, als er ausstieg. Für einen Augenblick, der mir allerdings sehr lang vorkam und in der Erinnerung sogar noch länger scheint, sah ich den Griff seiner schmalen Pistole. Er trug sie in einem Lederholster an der Hüfte, aber nicht tief wie ein Westernheld, sondern hoch am Gürtel.
Ich fragte mich, wie schnell er sie greifen könnte, im Ernstfall. Was er wohl für Trainingszeiten haben mochte. Die trainieren das doch, diese Kerle.
An der andern Seite des Wagens stieg eine junge Frau aus. Schmal und flott, kluge helle Augen, blonde Windstoßfrisur. Da Borowik und ich uns zur Genüge kannten, stellte er nur sie vor: »Meine Kollegin Anne Brück, Kriminalkommissarin.«
»Zur Anstellung«, sagte sie. »So heißt bei uns die Probezeit.«
Ich entspannte mich etwas. »Ich hab auch grad 'ne Probezeit angefangen. In dieser Minute. Und da kommen Sie daher und bringen mich ins Gerede.«
»Wir könnten doch Freunde von Ihnen sein.«
»Dann verstecken Sie Ihre Knarre besser.«
Er wechselte das Thema: »Sie arbeiten jetzt für Frau Dr. Plüttner, richtig?«
»Woher wissen Sie das?«
Er lächelte bloß, nicht mal unfreundlich.
Es machte mich trotzdem wütend. »Ich will das wissen. Haben Sie Dr. Plüttner angerufen und mich – ja: schon von vornherein in Mißkredit bei ihr gebracht?«
»Nein. Jetzt seien Sie nicht gleich aufgebracht –«
»Was wollen Sie von mir?«
»Der macht Witze«, sagte Borowiks Begleiterin. So nett und

jung sie aussah, so unfreundlich und abgebrüht klang diese Bemerkung. Für den Moment war ich sprachlos.
»Gehn wir doch in den Schatten und trinken wir was.« Borowik wies mit einer Kopfbewegung zu den Stühlen und Tischen hinüber, die vor dem Wirtshaus unter einer Kastanie standen. Ich zögerte.
Er lachte. »Und selbst *wenn* irgendein Schlaukopf uns als Kripo erkennt, was macht's? Als Sicherheitschef von Frau Plüttner gehört der gute Kontakt zur Polizei doch zu Ihren selbstverständlichen Pflichten.«
Er hatte recht. Und ich hatte Durst. »Also gut. Tragen Sie eigentlich immer Eisen, wenn Sie mittags zum Kaffeetrinken fahren?«
»Sie werden lachen, ich hab meine Waffe auch griffbereit«, sagte die Kommissarin patzig. »So machen wir das immer, wenn wir hinter ausgebrochenen Killern her sind.«
»Mein Bruder ist doch kein Killer!«
»*Killer* ist die juristisch nicht näher qualifizierte Bezeichnung für einen Menschen, der einen andern Menschen rechtswidrig ums Leben gebracht hat.« Ich weiß nicht, wie ich sie angeschaut habe, vielleicht etwas dumm – denn sie fragte: »Soll ich die Definition wiederholen?«
Ich wandte mich an Borowik: »Sie wissen, daß Jo den Kassierer nicht absichtlich erschossen hat. Es war ein Unfall.«
»Verurteilt ist Ihr Bruder aber nicht wegen Unfallflucht, sondern wegen schweren Raubes«, sagte Borowik. »Glauben Sie wirklich, daß Sie es hier aushalten?«
»Ich hab nichts gegen Ruhe. Außerdem ist man schnell in Frankfurt, wenn man mal einen draufmachen will.«
Auf der Speisekarte standen verschiedene Pizza- und Spaghettigerichte, aber mir war der Appetit vergangen. Ich bestellte bloß Kaffee bei der jungen Italienerin. Sie machte einen freundlichen, etwas verschlafenen Eindruck. Das gleiche hätte man von ganz Maiwald sagen können.
Die Ortschaft bestand aus Dr. Plüttners Bungalow, von dem wir aber nur die Fichtenzeile und dahinter ein Stück vom Walmdach sahen... Und aus den Reihenhausblocks vor und hinter der Kneipe. Es waren sechs Blocks zu je drei Wohneinheiten.
Ich zählte sie, weil ich nicht gern im Zorn herausplatzte; ich wollte mich beruhigen.

Hinter der Straßenbiegung, an der Dr. Plüttners Bungalow lag, ragte ein Schornstein über die Fichten hoch. Der gehörte zu ihrer Kunstdruckerei.
Als die Getränke auf dem Tisch standen, hatte ich meinen Ärger wieder unter Kontrolle; ich konnte in ruhigem Ton vorbringen: »Sie wissen ganz genau, daß mein Bruder nicht wegen vollendeten, sondern bloß wegen versuchten schweren Raubes verurteilt ist – er hat den Versuch bekanntlich abgebrochen, als der Schuß sich gelöst hatte. Wenn Sie das jetzt absichtlich in einem andern Licht erscheinen lassen, dann kann das doch nur *einen* Sinn haben. Sie wollen mich einschüchtern.«
»Gleich sagt er, sein Bruder ist ein Opfer der Justiz!« rief die Kommissarin erstaunt.
»Ich kann Ihnen zu Jo nichts sagen. Ich *will* auch nichts sagen: Sie wissen ganz genau, daß ich nicht mal vor Gericht gegen meinen eigenen Bruder aussagen muß.«
»Sie dürfen, wenn Sie es für richtig halten«, schob Frau Brück schnell ein.
»Ich halte es aber für falsch, und außerdem weiß ich sowieso nichts.«
»Ihr Bruder hat keinen Kontakt mit Ihnen aufgenommen?« fragte sie.
Jetzt platzte mir doch noch der Kragen. »Verstehen Sie kein Deutsch? Ich hab ein Zeugnisverweigerungsrecht als Verwandter ersten Grades, und von diesem Recht mache ich Gebrauch.«
Borowik trank sein Bier aus und stand auf. »Okay. Wir wollen Ihnen nicht zumuten...« Er unterbrach sich und beugte sich zu mir herunter. »Ihr Bruder hat den Ausbruch nicht allein gemacht, das wissen Sie.«
»Ich weiß bloß, was in der Zeitung steht und weiter nichts.«
»Kennen Sie Pröll?«
»Persönlich? Nein. Woher auch.«
»Das ist nun wirklich ein Killer. Und zwar ein Typus von Killer, der Gott sei Dank selten vorkommt. Absolut asozial. Er hat schon vier Menschen erschossen, einen wegen nur fünfzig Mark, und mehr als Lebenslang kann er nicht kriegen... Wir befürchten, der schießt wieder. Wir sind sehr beunruhigt darüber. Können Sie das verstehen?«

»Na klar, ich finde das selbst beunruhigend. Aber es ist doch nicht *mein* Job, diesen Pröll einzufangen!«
»Falls Ihr Bruder doch noch Kontakt mit Ihnen aufnimmt«, sagte Borowik, »würden Sie ihm von mir was ausrichten?«
»Was kann denn mein Bruder von mir wollen? Sie machen sich ganz falsche Hoffnungen.«
»Sagen Sie ihm, es kommt uns auf Pröll an – nicht auf ihn. Wer uns hilft, Pröll zu fassen, der kann mit unserer Dankbarkeit rechnen.«
»Und das heißt konkret?«
Das plötzliche Lächeln Borowiks wirkte freundlich – als ob er entdeckt hätte, daß er mich sympathisch fand. Er legte mir sogar die Hand auf die Schulter. »Ihr Bruder weiß schon, was das konkret heißt.«

Ich sah ihnen zu, wie sie wegfuhren.
Borowik war an sich in Ordnung; jedesmal, wenn er mich verhören mußte, merkte ich, daß es ihm leid tat. Aber er tat es trotzdem.
Ich hätte aufspringen und laut in diese verschlafene Siedlung hineinbrüllen mögen: Ich will doch nichts weiter als ruhig und normal leben!
Die junge Italienierin kam wieder raus, räumte ab und fragte, ob ich noch einen Kaffee wolle. Ich sagte, nein, aber was zu essen, nur keinesfalls Pizza, was denn sonst noch im Haus sei?
Schnitzel gab es.
Auch vom Kalb?
Da mußte sie erst fragen. Sie tat es und kam zurück mit der Auskunft, ich könne Kalbsschnitzel haben.
»Dann sagen Sie dem Koch, er soll schon mal anfangen. Ich schau mich noch einen Moment um.« Sie glubschte mich derart zweifelnd an, daß ich präzisierte: »In der Siedlung.«
»Hier? Ist nicht viel zu sehen.«
Da konnte sie recht haben. Nach hinten raus wirkten die Reihenhausblocks noch schäbiger als an der Straßenfront. Wandverputz mußte Mangelware sein, ich kam mir vor wie in Magdeburg. Und den Gärten sah man an, hier sparten die Hausfrauen noch: Nicht auf Blumen hatten sie es abgesehen, sondern auf Gemüse. Abfälle kamen auf den Komposthaufen neben dem Hasenstall. Wer sich schlapp fühlte, konnte den

Neckermann-Perser über die Teppichstange werfen und sich Bewegung verschaffen.
Diesmal trat ich durch den hinteren Eingang ins Restaurant ein. Die Küchentür, vom Flur abgehend, stand offen – ich sah rein zu einer alten Frau, die am Herd werkte.
Sie nahm sich die Zeit, mich anzulächeln.
»Ich bin der mit dem Schnitzel.«
»Gleich fertig, gleich fertig. Äh – hallo –!«
»Ja?« Ich drehte mich wieder um.
»Bratkartoffel oder Gemüse?«
Wenn man schon italienisch ißt, dann richtig. »Gemüse bitte.«
»Kommt gleich!« Sie hatten auch bereits für mich gedeckt, und zwar nicht im Garten, sondern drinnen. Hinter meinem Tisch ging eine Tür zum Nebenraum ab. Ich hörte das Klicken von Billardbällen.
Wenn ich abends mal keine Lust zum Fernsehen oder Radiohören oder Lesen hatte, konnte Pool-Billard meine Rettung werden. Ich trat also ein.
Der Spieler stand mit dem Rücken zur Tür. Er machte noch einen Stoß, und ich sah den weißen Ball seinem Loch entgegenrollen. Klack – da war er drin.
»Guter Stoß«, lobte ich.
Der Spieler dreht sich um. »Lang geübt isch halb gewonnen«, sagte Jo in seinem freundlichen, gar nicht so breiten Schwäbisch.

Der Kaffee in meinem Magen wurde zur Säure, die sich in meine Schleimhäute einfraß.
»Jetzt komm«, lachte er, »steh net so da, riskier halt au a Stößle.«
»Ich hab Essen bestellt. Setz dich doch dazu.«
Wir gingen in die Gaststube zurück. Jo hatte sich nicht mehr rasiert seit dem Ausbruch – schon im Coffee Shop war er unrasiert erschienen. Und er trug eine getönte Brille. Wer nicht ein geschultes Auge hatte, konnte ihn nach den Zeitungsfotos nicht erkennen. Ohnehin war sein Bild nur klein erschienen, neben dem großen von Pröll.
»Gibsch mir an Frascati secco aus?«
Ich sah zu der jungen Italienerin hinüber, und als sie meinen Blick auffing, sagte ich: »Einen Frascati secco bitte.«

»Und ein Mineralwasser extra«, rief Jo lächelnd.
Immer wieder überraschte mich seine freundliche, fast herzliche Art, mit fremden Menschen umzugehen. Seine dunklen Augen wirkten dann warm und schmeichelnd, sein Lächeln offen, seine Stimme jungenhaft und fröhlich. Verfehlte seinen Eindruck auch nicht auf die verschlafene Haustochter – sie lächelte, daß ihre hübschen Zähne blitzten, und bewegte sich schneller, graziler als zuvor.
Als Verkäufer oder Kellner hätte Jo Karriere machen können mit seiner kontaktfreudigen Art.
Ich zwang mich zum Essen.
Ich war sonst nicht so verkrampft gegenüber Menschen – selten gab ich mir Mühe, mich anders zu verhalten als mir zumute war. Aber Jo, ich weiß nicht warum, drängte mich durch seine bloße Gegenwart in die Rolle eines coolen Pokerspielers, der sich nichts anmerken ließ.
»Wie hast du mich gefunden?«
»Hab deinen Trainer angrufen und gsagt, ich müßt dich dringend sprechen wegen einem Gschäft. Er hat gmeint, ab heut mittag wärst hier zu erreichen, per Adresse Dr. Plüttner.«
Ich ließ die Gabel mit einem Bissen des gegrillten Kalbsschnitzels wieder sinken. Ich konnte einfach nichts runterbringen. »Laß Dr. Plüttner aus dem Spiel.«
»Puh!« Er verdrehte lustig die Augen. »Ich unterlaß überhaupt alles, was dich ärgern könnt.«
»Warum bist du dann nicht nach Frankreich gefahren? Ich hab die tausend Mark angewiesen, sie liegen jetzt bei Pierre, mußt sie nur abholen.«
»Laß dir doch net den Appetit verderben, Brüderchen. Schau, ich *wollt* ja rüber. Aber hast gesehen, wie sämtliche Medien diesen Ausbruch hochspielen? 's Fernsehen sogar.«
»Diese Publicity verdankst du deinem Kumpel Pröll.«
»Freilich. Aber was soll ich mache? Mich hinsetze und in Träne ausbreche? Ich muß jetzt einfach noch a paar Tag warte, bis ich rübermach.« Er beugte sich vor und sagte leise: »Ich hab wenigstens dich. Aber der Pröll hat niemand drauße. Bloß sein Bumbatsch hat er. I denk mir, er probiert's bei einer Tankstell oder in em Supermarkt. Er muß ja gucke, daß er flüssig wird!«
»Du rechnest damit, daß er jeden Moment einen Überfall riskiert?«

»Er muß. Und dann konzentriere die Fahnder sich ganz auf ihn. Verstehst mich? Ich wart, bis er die Großfahndung auf sich zieht – dann mach ich rüber. Wer guckt noch nach dem kleinen Wulff Josef, wenn der Pröll wieder...« Er lachte auf: »Eine Blutspur durchs Land legt – diese Fernsehansager! Blutspur durchs Land, hat er ganz dramatisch gsagt gestern abend. Das fürchte die, davor hent se Schiß.«
»Du nicht?« Ich schob ihm meinen Teller hinüber.
»Willsch wirklich nimmer? Also dann, bevor's umkommt...« Er machte sich mit bestem Appetit über meinen Teller her, streckte zwischen zwei Bissen die Hand hoch: »Könnt ich noch so an Frascati kriegen, schöne Signorina?«
Sie kicherte und schoß einen animierten Blitzblick herüber, bevor sie eingoß.
»Ist dir eigentlich klar, daß ich überwacht werde?«
»Der gute Borowik.« Jo grinste. »Seine Kollegin war gar net uneben, wenn man sie mager gern hat.«
»Du hast gesehen –?«
»Ha, i bin doch scho heut früh hergfahre. Wollt mich a bißle auslüfte nach dem Großstadtmief. Die Maiwalder Luft hat ja wirklich Kurortklasse. Hab mir d' Füß vertrete. Und dann a bißl Billard gspielt. Hab mir halt denkt, irgendwann erwisch ich dich schon.« Er tunkte mit einem Stück Weißbrot die Soße vollends auf, kaute vergnügt und sagte: »Eventuell hätt ich drüben gschellt und mich als Freund von dir vorgstellt.«
»Gib mir auch eine«, sagte ich, als er sich eine Zigarette anzündete. Irgendwas mußte ich für meine Nerven tun. »Jo«, sagte ich, als ich mich wieder einigermaßen gefaßt hatte, »ich verpfeif dich an Borowik, wenn du mir bei Dr. Plüttner dazwischenfunkst.«
»Meinsch des ernst?«
»Todernst. Dieser Job ist die beste Chance, die ich seit Jahren gekriegt hab. Vermassel sie mir, und du bist dran.«
Er lehnte sich in seinen Stuhl zurück. Dieses ungewisse, geschmerzte Lächeln kannte ich. Kalt und hart sah ich ihm in die Augen, bis er den Blick abwandte. »Tut weh«, sagte er nach einer Weile. »Wen hab ich denn außer dir? Der Vater schreibt überhaupt nimmer...«
»Scheiß doch auf den Vater! Du bist kein Kind mehr, was

brauchst du einen Vater? In deinem Alter könntest du schon selbst einer sein, wenn du nicht –«
»Hat er *dir* geschrieben?«
»Vor einem Jahr kam mal 'ne Karte. Aus Libyen. Wieder so eine Großbaustelle. Die dumme Sau hat doch tatsächlich geschrieben: Hab jetzt auch in Libyen einen Sprößling, kaffeebraun, aber sonst wohlgeraten wie ihr... Ich hab die Karte zerrissen und ins Klo gespült.«
Jo schüttelte lachend den Kopf. »Des is schon einer. Macht überall Kinder, wo er auf Montasch ist. Eigentlich ganz flott. Der Pröll hat gmeint –«
»Was hat dein Freund Pröll dazu gemeint?«
»Unser Vater tät halt sein Leben genießen und rausholen, was drin ist.«
»Und das hat Pröll imponiert?«
»Irgendwie imponiert's mir ja selber, Kaj.«
»Dann bewunderst du deinen schlimmsten Feind.«
»Ach komm, er meint's sicher gar net bös. Er will halt kei Familienleben, mit Glück im Reihenhaus und dem Gartenzwerg nebe der Tür. Kann ich durchaus verstehe. Will ich auch net.«
Jo ist, finde ich, auf eine ganz besondere Art dumm. Seine Dummheit ist gerade das, was er für seine Schlauheit hält. »Aber ich will so ein spießiges Reihenhausglück! Und hier in Maiwald kann ich es mir vielleicht schaffen, und wenn du dazwischenkommst, dann heb ich den Telefonhörer ab und sorge dafür, daß Borowik dich abholt und einkastelt.« Noch mal sah ich ihm fest in die Augen, um klarzustellen, daß ich es ernst meinte. Todernst, wie ich gesagt hatte.
Er schwieg eine Weile. Sein Blick wirkte herzlich und sogar liebevoll. Jo konnte schon immer aussehen, wie er wollte. Immer so, daß er erreichte, was er für wünschenswert hielt.
Er stand auf. »Okay, Bruderherz. Ich hab schon verstanden. Aber ich *muß* jetzt diese Zeit überbrücken, bis die Fahndung nachläßt. Das verstehst doch, oder?«
Ich sah in meiner Brieftasche nach. »Mehr als zweihundert Mark kann ich dir beim besten Willen nicht geben. Ich kann es einfach nicht. Herrgott, eigentlich nehme ich jede Mark der Helga weg!« Zu meiner eigenen Überraschung merkte

ich, daß mir die Tränen in die Augen schossen – Tränen des Selbstmitleids. Ich kam mir ausgenutzt, hintergangen und betrogen vor.
Wenn Jo etwas von den Tränen merkte, ließ er das nicht erkennen.
»Ich schreib dir, wenn ich sicher aus Europa raus bin.«
»Schreib mir nicht! Ich will nichts mehr mit dir zu tun haben. Halt dich gefälligst raus aus meinem Leben. Es könnt ein gutes Leben sein, wenn nur du nicht wärst –!« Ich hatte wohl zu laut gesprochen, vielleicht beinahe geschrien – die Italienierin sah bestürzt und neugierig herüber.
Jo lächelte sie an. »Er meint das nicht so. Nur ein kleiner Streit.« Er wandte sich wieder an mich: »Also dann, zum letztenmal...«
Ich nahm seine ausgestreckte Hand. Warum, weiß ich selbst nicht.
An der Tür drehte er sich noch mal um. »Weiß dei Braut eigentlich, daß dein Dr. Plüttner eine vollbusige Blondine isch –?«
Ich sah ihn nur an.
Er lachte. »Mach's gut, und laß nix anbrennen, sonsch denksch später im Seniorenheim, du hasch's Beschte verpaßt! Servus!« Ein letztes Lächeln für die Bedienung, dann war er endlich weg. Ich blieb am Fenster stehen, bis ich ihn vorbeifahren sah. In einem cremefarbenen BMW. Geborgt oder geklaut?
Aber was ging mich das noch an.

Nachmittags hatte ich Dr. Plüttner in einem schwingenden Folklorerock gesehen, der ihr gar nicht übel stand. Aber dann regnete es, und die Luft kühlte ab – vielleicht fror sie in ihrem Rock. Jedenfalls erschien sie zum Empfang ihrer Weibergruppe – die rückte offenbar einmal pro Woche an – in einer Hose, die hauteng anlag wie Jeans. Pinkfarben. Und wieder spielte sie sich so kindisch auf.
Sie *ging* nicht, sie hüpfte oder tänzelte ihren Freundinnen entgegen. Die lederhäutige Hagere war die erste, die ankam. »Ach!« rief Dr. Plüttner, breitete die Arme aus, warf den Kopf zurück und schaute verzückt in den dunkler werdenden Himmel.
»Ist das nicht ein herrliches Lüftchen! Spürst du auch diesen

ersten Biß von kühlem September in diesem Brischen, Senta? Liebst du diesen Duft auch so, wenn der Sommer noch gar nicht zu Ende ist? Komm rein, Schatz, aber lob zuvor meinen Herrn Wulff – ist er nicht fleißig?
Ich spaltete Holz für den Kamin. Nicht daß es zu meinen Aufgaben gehört hätte, Hausarbeiten zu erledigen; war auch gar nicht nötig – jeden zweiten Vormittag kam eine Zugehfrau und machte sauber, und in regelmäßigen Abständen – je nach Arbeitsanfall – tauchte ein Gärtner auf, der sich um die Blumen und Zierbüsche kümmerte.
Aber ich hatte mir gedacht, die Damen wollten vielleicht gern am offenen Feuer sitzen; und der Gärtner, der sonst das Holz machte, hatte es diesmal nicht geschafft. Warum also nicht selber Hand anlegen? Da brach mir kein Zacken aus der Krone.
Senta nickte mir zu und ließ sich von Dr. Plüttner ins Haus komplimentieren.
»Ach Ilselein!« rief sie der Jüngsten entgegen, die beim ersten Treff Hot pants getragen hatte – »*ist* das nicht ein herrlich würziger Indian-summer-Abend?« Sie drehte sich um sich selbst und schien gar nicht zu merken, wie unvorteilhaft sie wirkte: Immerhin hatte sie ihren fünfzehnten Geburtstag schon seit zwanzig Jahren hinter sich.
»Bea, mein Schätzlein!« rief sie, als die dritte eintraf, die mit den schwarzen Haaren – lang um den Kopf flatternd wie Dr. Plüttners blonde –, »komm rein und genieß mit uns diesen *herrlichen* Abend zwischen Spätsommer und Frühherbst. Und bedank dich bei meinem enormen Herrn Wulff, wenn du am Feuer sitzen kannst.«
Bea schien diese auftrittsgeile Art genauso auf die Nerven zu fallen wie mir; sie blieb stehen und sagte scharf zu ihrer Freundin: »Ich denke, er soll gar nicht Hausmeister sein! Sondern dein Bodyguard.«
»Ich arbeite mich ganz gern mal aus«, sagte ich.
»Ein Ventil für den Triebstau, den er hier aufgebaut hat!« rief Dr. Plüttner kehlig.
Das war mir nun unangenehm. Ich überlegte, ob ich in die Stadt zu Helga fahren sollte. Aber wir hatten ausgemacht, daß ich gerade die ersten Tage hier draußen verbringen sollte – um zu testen, wie ich mich dabei fühlte. Weil sie inzwischen nicht allein zu Haus sitzen wollte, hatte Helga ihre Mutter in

unsere anderthalb Zimmer mit einquartiert, für mich war da wirklich kaum noch Platz.
Außerdem, wenn ich jetzt das Holz nicht reintrug, verhielt ich mich eigentlich genauso unnatürlich wie sie. Ich wollte mich nicht anstecken lassen von dieser falschen, unguten Art.
Also packte ich den Korb voll und trug ihn rein. Sie hatten wohl über mich gesprochen, denn sie brachen das Gespräch ab. Nach einem Verlegenheitsmoment lachte Dr. Plüttner klingend und rief: »Ich sag grade, Herr Wulff – Sie haben sich zwar mannhaft beherrscht, aber große Augen haben Sie schon bekommen, als ich so ganz ohne auf der Terrasse lag!« Sie ging hüftschwenkend zum Kamin, kauerte sich daneben und streckte mir in einer Art, die anmutig sein sollte, die Hände entgegen.
Ich legte zwei Holzscheite hinein.
Dr. Plüttner wollte gefallen mit mädchenhafter Lebhaftigkeit. Aber sie war kein Mädchen mehr. Die Lebhaftigkeit war nicht echt, vermutlich steckte Unsicherheit dahinter. – Was für einen Grund konnte sie haben, sich unter Freundinnen unsicher zu fühlen, die sie doch vermutlich selbst ausgesucht und eingeladen hatte?
Sie fühlten sich verpflichtet, mir eine Tasse Tee aufzudrängen und Konversation zu machen. Wie ich mich eingelebt hätte. Dazu sei ich doch viel zu kurz da, fauchte Senta.
Die schwarzmähnige Bea fragte: »Was ist das für ein Gefühl, plötzlich mit lauter Elektronik um sich herum?«
»Wie meinen Sie, Gefühl?«
»Kommen Sie sich nicht vor wie in einem Knast?«
»Wieso, ich find's gut, daß das Haus gesichert ist.« Die Klingel am Gartentor draußen erlöste mich. »Ich mach auf, wenn's recht ist«, sagte ich schnell und verschwand.
Es war Angela, aus dem Italo-Restaurant. Sie brachte Antipasti, Weißbrot und Wein. Zurückhaltend – ohne ein Wort, nur mit einem knappen Lächeln – ging sie an mir vorbei ins Haus.
Es war wohl so, daß Dr. Plüttner, wenn sie Zeit hatte, selbst den Imbiß für ihre »Weibergruppe« herrichtete. Heute hatte sie keine Zeit gehabt, denn vormittags war eine ganze Fuhre von Ölbildern und Grafiken abgeladen worden. Originale, die in der Kunstdruckerei reproduziert werden sollten. Dr. Plüttner hatte sich den ganzen Tag mit den Bildern beschäftigt. Angeblich stellten die Dinger einen in Geld kaum ausdrück-

baren Wert dar, und die Gesamtladung einen Versicherungswert von fast zwei Millionen.
»Das ist auch der Grund, warum die Versicherung darauf bestanden hat, daß ich hier im Haus und bei Einkaufsreisen einen – na ja, einen Sicherheitsbegleiter dabei habe.« Das hatte sie mir offen und geradezu erklärt. »Sie brauchen sich also bitte niemals Gedanken darüber zu machen, ob sie vielleicht genug arbeiten für Ihr Geld oder ähnliches. Die Einstellung eines Guard ist Bestandteil meines neuen Versicherungsvertrags.«
Ich wartete am Gartentor, bis Angela wieder rauskam. »Buona notte.«
»Gut Nacht«, antwortete sie schüchtern, mit einem nur kurzen Lächeln im Vorbeigehen.
Zum ersten Mal bemerkte ich eine Perle in ihrem Ohr; im linken.

Für meine Streifzüge durchs Gelände hatte ich mir eine topographische Karte des Hessischen Landesvermessungsamts gekauft. Als Wanderkarte hätte sie nicht viel getaugt, der Maßstab war zu klein, 1:5000; innerhalb von zwanzig bis dreißig Minuten verließ man ihren Bereich, egal, in welcher Richtung man marschierte. Aber ich wollte ja auch nicht spazierengehen, sondern mir die unmittelbare Umgebung einprägen. Falls jemand mal an einen Überfall denken sollte, würde er nicht gerade auf der Landstraße Frankfurt–Maiwald daherkommen, nahm ich an.
Zweimal entdeckte ich bei diesen Ausflügen Autos, die nicht nach Maiwald gehörten und auch nicht hierher paßten. Einmal war es ein BMW der 700er-Serie, einmal ein Audi Quattro.
Sicher, es konnten Spaziergänger sein, die in der Mittagspause mal rasch aufs Land düsten, um sich im Ozon die Beine zu vertreten und abends über das Baumsterben im sauren Regen zu lamentieren.
Andererseits kannte ich meinen Bruder Jo. Er klaute Autos nicht gern, er borgte sie – »hab mir halt wieder eins ausgliehe«, sagte er in solchen Fällen. Er holte sie vormittags vom Laternenparkplatz und brachte sie abends vor Büroschluß wieder zurück – wenn er es für ungefährlich hielt, sogar an die alte Stelle. Die Eigentümer, glaubte er, merkten in den mei-

sten Fällen gar nicht, daß ihr Prunkstück untertags bewegt worden war.
Ich horchte mich also bei unserm Italiener um, ob Besuch für mich dagewesen sei. Ich schaute auch ins Billardzimmer. Aber keine Spur von Jo.
Es mußten doch wohl Spaziergänger gewesen sein.
Abgesehen von dieser Irritation fühlte ich mich wie im Urlaub und gratulierte mir zu meinem idealen Job. Daß ich um sechs Uhr früh aufstehen mußte, machte mir nichts aus; das war ich gewöhnt. Ich stieg mit dem Meister der Kunstdruckerei in den Tresorraum unseres Bungalows runter, er suchte die Gemälde oder Grafiken aus, die an diesem Tag reproduziert werden sollten, und wir schoben die Ladung in einem gummibereiften Handwagen zur Druckerei.
Abends hatten wir die Originale wieder abzuholen und in den Tresorraum einzuschließen.
»Umständlich, Herr Wichtup«, sagte ich.
»Der Alte hat sich wohler gefühlt, wenn er die Bilder nachts in seiner Nähe hatte.«
»Die Gemälde sind doch aber versichert?«
Scharfer Blick auf mich. »Richtig versichern kann man bloß materielle Werte, nicht künstlerische.«
»*Alles* hat seinen Preis, oder?«
»Sie kennen doch die Mona Lisa?«
»Klar. Eine Frau, die grient.«
»Genau. Das Bild gehört dem französischen Staat. Jetzt mal angenommen, einer klaut es, dann kriegt Frankreich von der Versicherung – sagen wir – zehn Millionen Dollar. Aber ist die Mona Lisa damit ersetzt? Wenn jemand Ihren Ford klaut und Sie kriegen zwanzigtausend Mark von der Versicherung, dann ist der Ford absolut ersetzt. Aber die Mona Lisa ist ein Unikat.« Er sah meinen fragenden Blick und sagte selbstzufrieden: »Es gibt sie nur einmal. Was es nur einmal gibt, ist durch Geld nicht ersetzbar, weil man eben kein Ersatz-Exemplar kaufen kann. Alles klar?«
Er freute sich, daß es mal wieder einen gab, der weniger wußte und belehrt werden konnte.
»Jaja, der Alte – das war schon ein toller Hecht«, informierte er mich abends beim Bier unter der Kastanie des Italieners. »Noch mit sechzig Jahren hat der sich jeden neuen Porsche gekauft. Jedes neue Modell, sowie es rauskam, stand da drü-

ben.« Er wies mit einer Kopfbewegung zum Bungalow. »Und immer in Silbermetallic, nichts anderes.« Mit zufriedener Miene schluckte er sein Bier. Als wär es ihm eine Genugtuung, daß Dr. Plüttners Vater noch im Opaalter dauernd neue Porsches in Silbermetallic gefahren hatte.
»An was ist er gestorben?«
»Infarkt am Steuer. Bei hundertundachtzig auf der Autobahn gibt's da überhaupt nichts mehr.«
»Dann ist Dr. Plüttner ja sehr überraschend zu der Betriebsleitung gekommen.«
»So was geht über Nacht.«
»Was hat sie eigentlich vorher gemacht?«
»Studiert. Doktor gebaut.«
»Doktor in was?«
»Kunstgeschichte«, sagte er erstaunt. Vermutlich zweifelte er an meinem Verstand.
Weil ich den schlechten Eindruck wettmachen wollte, zahlte ich für ihn mit und begleitete ihn zum hintersten der drei Reihenhausblocks. Da wohnte er, genau vor dem Wald; manchmal kämen die Rehe bis in seinen Gemüsegarten, behauptete er.
Aber für den Wildbestand interessierte ich mich weniger.
»Wer hat eigentlich den Betrieb gegründet?«
»Der Alte selber. *Sie* hat ja nur geerbt.«
»Und wie hat er das gemacht?«
»Mit Köpfchen.«
»Mit –?«
»Angefangen hat er wie ich, als Kunstdrucker. Aber der eine macht bloß Kinder, der andere seinen Ingenieur. Ja, und irgendwann hat er dann sein neues Computerdruckverfahren beim Patentamt anmelden können. Von dem leben wir jetzt alle. Deine Chefin in ihrem Luxusschuppen, und auch wir in unsern Reihenställen.«
Seinem Ton nach war ich in seiner Achtung gesunken. Vielleicht hatte er sich unter dem neuen Sicherheitsfachmann einen härteren Burschen vorgestellt – nicht einen, der bloß freundliche Fragen stellte. Ich schlug selbst einen härteren Ton an: »Soll ich Dr. Plüttner ausrichten, daß Sie mit den Wohnverhältnissen unzufrieden sind?«
»Das hab ich schon selber getan. Als sie die Miete erhöht hat.« Er grinste mir ins Gesicht.

Egal. Ich war inzwischen ziemlich sicher, daß ich mich gut einleben und mit den für mich wichtigen Leuten auch auskommen würde. Notfalls mußte ich mir in der Siedlung Achtung verschaffen, indem ich mal Freikarten für einen Kampf verteilte. Wenn die mich in Aktion sahen, würden sie schnell überzeugt sein, daß ich der richtige Mann für den Job war.
Auf dem Rückweg schaute ich, wie jeden Tag, noch mal in die Gaststube und, weil ich Bälle klicken hörte, ins Billardzimmer. Kein Jo.
»Besuch für mich?« fragte ich zur Sicherheit noch Angela, die mit Weinkaraffe und Gläsern an mir vorbei wollte.
»No, no.« Ein verhuschtes Kind! Sie hob nicht mal den Blick. Lippenrot trug sie heute. Glimmer-Pink.

Die beste elektronische Sicherung mit Außensirene und Rundumbeleuchtung nützt wenig, wenn es nicht Leute gibt, die den Alarm auch aufnehmen. »Wo ist das Problem? *Sie* sind doch jetzt da«, meinte der junge Polizeimeister auf der acht Kilometer entfernten Wache in Moorweiler.
»Schon. Aber ich soll übermorgen mit Dr. Plüttner nach Zürich fahren. Dann steht der Bungalow mindestens vier Tage leer.«
»Wie ist es denn bisher gehandhabt worden?«
»Dr. Plüttner hat sich mehr oder weniger drauf verlassen, daß der Alarm in der Siedlung gehört wird.«
»Sind das nicht sogar ihre eigenen Arbeiter und Angestellten, die da wohnen?«
»Eben drum hat sie immer angenommen, daß die sich mit Löwenmut und bloßen Händen auf jeden Einbrecher stürzen.«
»Das tun die auch. Die schon.«
»Und wenn mal 'ne ganze Bande kommt? Bewaffnet?«
»Malen Sie nicht den Teufel an die Wand«, sagte der junge Beamte erschrocken. Er besann sich. »Der eine oder andere in der Siedlung wird doch Telefon haben. Ich meine, da könnte ja dann sofort zu uns durchgerufen werden.«
»Haben Sie überhaupt genügend Leute hier? Nachts zum Beispiel.«
»Wir könnten gegebenenfalls Verstärkung anfordern.«
»Das dauert seine Zeit.«
»Ja, wissen Sie – so ein Elektronikschutz bringt in der Stadt mehr als hier aufm Land. So ist das eben.«

»Und warum?«
»Weil Sie in der Stadt einen Wach- und Schließdienst zuschalten können. Das kost natürlich Geld, aber die kommen auch sofort.«
»Und hier draußen?«
»Sind Wachdienste seltener vertreten.«
»Und wenn wir unsere Elektronik direkt mit Ihrer Wache zusammenschalten?« Ich lächelte ihn nett an.
Er wurde aufgeregt. »Also soviel *ich* weiß, dürfen bloß Behörden und Banken direkt auf uns schalten. Privatleute nicht. Wir können regelmäßige Funkstreifenpatrouillen fahren, das geht. Kostet aber auch. Ich glaub – so bei fünfhundert Mark im Monat. Das müßt ich nachschauen. Oder noch besser, kommen Sie doch heut nachmittag wieder. Da wär der Behördenleiter da, der kann es Ihnen genau sagen.«
»Wo ist er denn *jetzt?«*
»Schwerer Unfall, drei Verletzte – Sie sehen ja, ich halt als einziger die Stellung.«
In mäßigem Tempo joggte ich durch den Wald zurück. Ich hätte die Polizeiwache Moorweiler zwar auch mit dem Auto erreicht, aber einen Riesenumweg machen müssen. Der Weg zu Fuß war bedeutend kürzer, und da ich ohnedies Trainingsrückstände hatte, war ich in meinen Jogginganzug gekrochen und hatte mich zu Fuß auf den Weg gemacht.
Jetzt auf dem Rückweg sah ich die Lage weniger rosig. Kein Mensch hatte bisher das Sicherheitsrisiko vernünftig durchkalkuliert. Auch wenn man wie Dr. Plüttner an die zehntausend Mark springen läßt: Elektronik allein ist kein Schutz gegen eine Gruppe von entschlossenen Männern, die ihre Waffen gebrauchen, wenn es ernst wird.
Und dann dieser angebliche Tresorraum. Alle nannten ihn so, Dr. Plüttner, die Drucker – ich hatte es mir auch schon angewöhnt. In Wirklichkeit war es bloß ein temperiertes Kellerabteil mit einer ganz normalen Eisentür, wie man sie als Feuerschutz vor Heizungsräumen anbringt. Mag sein, daß so eine Tür die Flammen eine Zeitlang aufhält, wenn der Kessel explodiert – aber falls zum Beispiel einer wie Pröll daherkam, was dann? Und angenommen, er hatte Jo dabei – Jo hatte schon immer ein Händchen für Schlösser.
Auf halbem Weg zwischen Moorweiler und Maiwald kreuzte mein Waldpfad einen landwirtschaftlichen Privatweg. Die

paar Bauern, die es hier noch gibt, steuern ihre Traktoren da entlang, ansonsten ist der Weg gesperrt.
Mir fiel deshalb auf, daß ein Peugeot 504 seitlich zwischen den Büschen stand. Die Büsche tarnten ihn; ein Bauer, der vorne vorbeigetuckert wäre, hätte den Wagen von seinem Sitz aus nicht gesehen.
Ich joggte vorbei. Nur keine übertriebene Ordnungswut, jeder von uns hat schon mal falsch geparkt, und ich bin nicht der Typ, der Autonummern aufschreibt und an die Polizei durchgibt.
Dann machte ich aber doch halt und ging langsam zurück.
Wenn ich meine topographische Karte richtig gelesen hatte, mußte einige hundert Meter weiter der Wald eine Einbuchtung haben, und auf dieser Halblichtung mußte irgendein landwirtschaftliches Nutzgebäude stehen.
Es war eine Scheune. Für das Gras bestimmt, das auf allen möglichen Lichtungen wuchs und von den Bauern als Viehfutter geschnitten wurde. Nach dem zweiten Schnitt dieses Jahres war die Scheune voll.
Aus der Tenne herunter hörte ich eine Frau lachen. »No – prego no«, sagte sie mit sanfter Stimme. So sanft, daß man das No nicht ernst nehmen konnte.
»Jetzt komm – du willsch doch net als Jungfrau sterbe, oder?« Nach einer Weile: »Wie tut des? Gut, gell?«
»Okay.« Sie lachte.
»Und des?«
Plötzlich schrie sie auf. Ich zuckte zusammen, wollte schon rein – aber dann lachte sie wieder.
»Du musch entspanne, Schätzle. Schau, ich mach's ganz zart, ganz langsam. Da brauchsch doch koi Angst habe. Entspann dich. Ich bin ganz vorsichtig.«
Wieder schrie sie leise auf.
Ich trottete zum Waldweg zurück. Es geht mich nichts an, wo Jo sich rumtreibt und mit wem, dachte ich.
Aber mein Magen fühlte sich an wie ein hautloses Tier auf einem Nagelbrett.

Der sicherste Schutz für Hauseigentum ist immer noch der von Opa – der mechanische. In den paar Tagen, die mir bis zur Reise nach Zürich blieben, konnte ich keinen perfekten Job abliefern, bildete mir das auch gar nicht ein. Immerhin

sicherte ich die drei Eingangstüren zum Bungalow – Haustür, Terrassentür und die Tür zu meiner Einliegerwohnung – mit Hintergreifhaken. Das hatte Sinn, weil die Türrahmen fest im Mauerwerk verankert waren und selbst einen stabilen Eindruck machten. Jedenfalls konnte kein Jo und kein Pröll die Türen jetzt einfach aus den Angeln heben oder stemmen. Nicht in zwei Minuten, vielleicht nicht mal in zehn.
Die Zylinderschlösser verstärkte ich durch Beschläge, die außen bündig abschlossen und innen verschraubt waren. Wer mit einer Rohrzange daherkam und überstehende Schließzylinder in Sekundenschnelle herausdrehen wollte, oder wer hoffte, Außenverschraubungen blitzschnell ablösen zu können – der hatte sich geprellt.
An den leicht erreichbaren Erdgeschoßfenstern brachte ich abschließbare Griffe an, und die Rolläden sicherte ich gegen Vorziehen oder Hochschieben durch festverankerte Führungsschienen.
Ich schaffte wie ein Tier. Und je mehr ich in der kurzen Zeit fertigbrachte, desto friedlicher wurde mein Magen.
Zweimal jeden Tag, mittags und abends, schaute ich beim Italiener rein. Angela sei in der Stadt, hieß es gelegentlich.
Zur Scheune ging ich nicht noch mal. So genau wollte ich es gar nicht wissen.
Eine Italienerin, mein Gott! Jeder weiß, wie die Italianos reagieren, wenn man ihre Frauen anmacht. Aber Vernunft und Selbstdisziplin waren nicht Jos Stärke.
Die gesicherten Rolläden waren alle unten, als wir losfuhren. Auch die Türen würden nicht leicht zu knacken sein. Wer es versuchte, mußte im Scheinwerferlicht arbeiten und sich das Jaulen der Sirene anhören, die losdröhnte, sowie jemand am Haus stieß, hämmerte, bohrte, Glas zerbrach.
»Sie haben phantastische Arbeit geleistet.« Dr. Plüttner machte es sich auf dem Beifahrersitz des Mercedes bequem. »So sicher hab ich mich noch nie gefühlt, wenn ich auf Dienstreise ging.«
Innerlich gab ich ihr recht.
Sie hatte ihre Bluse aufgeknöpft, jetzt nahm sie ihren Rock mit beiden Händen von den Knien und fächelte ihren Beinen Kühlung zu. Sie sah meinen Blick und lachte: »Sie haben gesagt, ich soll mir keinen Zwang antun.«
»Das sage ich immer noch.«

Aber irgendwas schien an ihr zu nagen. »Kaj –«
Es war das erstemal, daß sie mich beim Vornamen nannte.
Ich reagierte nicht weiter darauf, steuerte umsichtig, hielt mich an jede Geschwindigkeitsbegrenzung.
»Ich hab einen guten Bekannten in Zürich. Einen Freund. Mit dem möchte ich viel zusammensein.«
Was sie nur hatte?
»Früher sind wir viel mit dem Taxi rumgefahren. Er ist Maler, er hat keinen eigenen Wagen. Aber jetzt, wo Sie eigens den Mercedes für mich nach Zürich bringen...«
»Ich fahr Sie gern in Zürich rum, ist doch klar.« Wollte sie Taxikosten sparen?
»Es ist nur so, Kaj – wenn er mich lange nicht gesehen hat, und wir trinken abends ein bißchen in einem Lokal und fahren dann heim... Ich kenn Uli, er kann ausgesprochen zudringlich werden auf einem Autorücksitz.«
Ich verstand überhaupt nichts mehr.
»Ich meine – nur daß Sie nicht in Verlegenheit geraten, wenn er mich küßt oder auch zärtliche Sachen sagt...«
»So tolerant wie ein Schweizer Taxifahrer bin ich allemal.«
»Kaj – ich möchte nur nicht, daß Sie sich provoziert und ausgenutzt vorkommen.«
»Das ist sehr freundlich von Ihnen. Falls ich mir mal so vorkomme, sag ich es gleich – okay?«
Ich konnte direkt am Flughafen parken und half ihr noch mit dem Gepäck. Als sie zur Waffendurchsuchung in der Kontrollkabine verschwand, ging ich zum Kiosk und kaufte mir eine ABENDPOST. Pröll war noch immer nicht gefaßt, und auch von Jo stand nichts drin.
Meine Anweisungen waren klar. Ich sollte in den Mercedes steigen und nach Zürich fahren. Jetzt.
Andererseits brauchte Dr. Plüttner mich erst morgen früh. Vor Mitternacht mußte ich nicht losfahren, um gegen zehn am Hotel BAUR AU LAC zu sein.
Ich hatte, als ich nach Maiwald zurückfuhr, ungefähr folgenden Gedanken: Ich wollte Jo suchen – in der Scheune. Ich wollte ihm sagen, daß zwar das Haus leerstand, daß er sich aber keine Illusionen machen durfte. Daß das Haus einbruchssicher präpariert war. Daß er auch mit Pröll zusammen keine Chance hatte. Daß er nur eins schaffen würde: mich um einen guten Job zu bringen. Ich stellte den Mercedes in Moor-

weiler ab und näherte mich der Scheune zu Fuß. Einen abgestellten Wagen konnte ich diesmal nirgendwo entdecken, und als ich – sehr langsam und vorsichtig – das Holztor öffnete, fand ich Scheune und Tenne leer.
Vielleicht kam Jo ja doch noch.
Auf einem Stapel Heu lag eine Decke, nicht ausgebreitet, sondern sauber zusammengefaltet. Angela mochte das getan haben; Jo war noch nie einer, der gern hinter sich aufräumte. Das überließ er andern.
In einer Ecke, unter einem Stein versteckt, fand ich gebrauchte Präservative.
Wahnsinn! Angela nahm also nicht mal die Pille. Das machte Jos Verhalten noch verantwortungsloser. Ein Gummi kann reißen, verdammt noch mal. Wußte er denn das nicht?
Er wußte es, und es war ihm egal.
Wie alt mochte Angela sein? Sie sah aus wie siebzehn – doch bei den Italienerinnen weiß man das nicht so genau. Sie konnte genausogut erst fünfzehn, sechzehn sein.
Im Heu bumsen ist ja ganz schön. Aber mit fünfzehn? Ohne Pille? Und mit einem Mann, der grade aus dem Knast kommt und auf dem besten Weg *zurück* in den Knast ist?
Um mir die Zeit zu vertreiben und meine Magenschmerzen zu betäuben, trainierte ich ein bißchen in dieser Scheune. Das erschöpfte mich mehr, als ich erwarten konnte. Ich legte mich hinten ins Heu und wollte schlafen. Aber der Schlafkünstler in der Familie ist Jo. Er pooft, wenn man ihn nicht weckt, bis in den Nachmittag rein – egal wann er ins Bett geht, auch wenn es mal nicht zu spät ist.
Ich dagegen wache jeden Morgen kurz vor sechs auf. Malochergewohnheit. Und mittags hab ich sowieso noch nie einschlafen können, außer ich war krank. Oder besoffen. Ich entschloß mich trotzdem liegenzubleiben. Hier in der Scheune hatte ich die beste Chance, Jo abzufangen.

Es wurde eben dunkel, als ich mich Dr. Plüttners Bungalow von hinten näherte. Ich ging unter den Fichten an der Umzäunung entlang. Alles schien in Ordnung.
Als ich vorn das Gartentor aufschloß, schaltete ich damit automatisch die Schleife EINS der Außenhautsicherung aus dem Alarm: Gartentor und Haustür.
Mit dem Aufschließen der Haustür war die Raumsicherung

abgeschaltet: Das sind Sensoren, die Ultraschall senden und empfangen; die geringste Störung des Ultraschallfeldes löst Sirenengeheul aus, wie bei einer Alarmanlage für Autos.
Ich machte die Haustür wieder zu, trat an den Sicherungskasten und schaltete die Schleife EINS der Außenhautsicherung wieder ein.
Jetzt konnte ich mich frei im Haus bewegen. Aber niemand konnte herein, ohne Alarm auszulösen. Rechneten Jo und Pröll mit dem Aufjaulen der Sirene? Waren sie darauf vorbereitet?
Ich nahm es an. Jedem in der Siedlung war bekannt, daß der Bungalow gesichert war.
Über Angela hatte es sicher auch Jo erfahren.
Glaubte er, den Alarm stillegen zu können? Traute er es Pröll zu?
Das konnte ich nicht wissen. Und Jo konnte nicht unbedingt wissen, daß der elektronische »Zaun« sabotagegeschützt war: Schnitt jemand die elektrische Leitung durch, die vom Mast zum Haus lief, so tötete er nicht etwa den Alarm, sondern löste ihn gerade dadurch sofort aus.
Aber vielleicht war es den beiden egal; vielleicht hatten sie vor, den Alarm kaltblütig durchzustehen und zivile Störer aus der Siedlung oder beamtete von der Polizeiwache Moorweiler mit Prölls »Bumbatsch« abzuschrecken... Bis sie mit ein paar Gemälden auf dem Rücksitz davon waren.
Mit einer Coladose in der Hand hockte ich in Dr. Plüttners Wohnzimmer und überlegte hin und her, wie sie es wohl machen würden. Ich versuchte so intensiv, mich in ihre Köpfe reinzuversetzen, daß ich meine eigenen Interessen darüber vergaß.
Es war schon gegen zehn, als mir einfiel, daß ich nicht nur den Einbruch verhindern wollte, sondern auch Jos Verhaftung. Ich konnte sie nicht wollen. Mein eigener Bruder als Einbrecher? Das hätte mich den Job gekostet: Wer will sein Haus und seine Habe einem Mann anvertrauen, dessen nächster Verwandter kriminell ist, ein Knacki?
Ich konnte mich kaum dazu überwinden... dann tat ich es doch: Ich schaltete nach der Raumüberwachung auch die Außenhautsicherung ab.
Das Haus schien mir plötzlich stiller geworden zu sein. Einbildung.

Schon vor einer Stunde hatte ich die Leuchten ausgeknipst. Jetzt hielt ich die Dunkelheit nicht mehr aus, diese absolut stille Dunkelheit – knipste also wenigstens im Flur das Licht an.
Die Rolläden waren unten. Falls trotzdem Licht durchfiel, würden sie vielleicht denken, wir hätten es zur Abschreckung brennen lassen.
Ich wollte nicht, daß sie von Fremden geschnappt wurden.
Ich wollte sie aber auch nicht abschrecken. Wenn sie den Coup planten, dann sollten sie ihn jetzt durchziehen, heute nacht. Solange ich noch da war.
Ich merkte, daß ich nah am Durchdrehen war. Warum, wußte ich nicht. Vielleicht, sagte ich mir, ist doch auch Angst dabei. Nicht vor Jo. Aber vor diesem Pröll. Es gibt keine Karategriffe gegen Kugeln, wenn sie mal abgefeuert sind.
Um mich zu entspannen, machte ich einen Rundgang durchs Haus. Der Keller war nur vom Erdgeschoß aus zugänglich, also eigentlich kein Problem – seine Fenster waren vergittert.
Im Erdgeschoß waren alle Türen und Fenster dicht, die Fenster zusätzlich durch die Rolläden gesichert. Wenn sie kamen, mußten sie also schon die Tür knacken. Wie sie das machen wollten, darauf war ich gespannt.
Oder würde Jo die Frechheit haben, durch die Tür zu meiner Einliegerwohnung zu kommen? Aber auch die hatte ich durch Hintergreifhaken gesichert.
Im Obergeschoß lagen zwei große Räume, jeweils mit Bad. Der kleinere war das Gästezimmer; seit ich hier war, hatte es noch keiner benutzt.
Das größere war Dr. Plüttners Schlafzimmer. Auch hier hatte ich die Fenstergriffe durch neue, abschließbare ersetzt und selbst abgeschlossen. Ich kannte das Schlafzimmer also. Auf den Spiegel hinterm Doppelbett hatte ich in Dr. Plüttners Gegenwart allerdings nur einen flüchtigen Blick geworfen. Jetzt hatte ich Zeit, ihn mir genauer anzusehen. Ein Riesending. Der Rahmen sah teuer aus. Indirekte Beleuchtung. Ich knipste sie an und aus. Und das Bett war ein Wasserbett. Ich studierte den Mechanismus.
Mit irgendwas mußte ich mich beschäftigen. Ich konnte nicht bloß da unten hocken und warten.
Ich öffnete die Schränke. Pelze. Kleider. Schuhe. Nicht übel.

Ob sie auch Schmuck hatte? Anzunehmen. Vielleicht waren Jo und Pröll mehr auf den Schmuck aus als auf die sicher schwer absetzbaren Gemälde im Keller?
Ich öffnete die Schubladen. Irgendwo mußte die Schmuckkassette ja stehen. Ich verfluchte mich, daß ich Dr. Plüttner nicht danach gefragt hatte. Aber sie hatte immer nur von der Sicherung der Gemälde im Keller gesprochen. Nie von Schmuck. Ich hatte selbst auch nicht dran gedacht, daß etwas anderes gefährdet sein könnte als die Kunst im Keller.
Zehn Schubladen hatte ich aufgerissen.
In der letzten lagen nur Höschen. Fast alle klein, dreieckig. Aus Spitze, aus Seide, durchbrochen gemustert, in mehreren Farben – aber vor allem in Schwarz.
Wenn ich mit Helga Wäsche kaufen ging, entschied sie sich immer für die schlichten, weißen Stücke, die man in Kaufhäusern für ein paar Mark bekommt. Ich blieb manchmal stehen und schaute die Spitzenwäsche an: »Wär das nicht was?«
»Mit dem passenden Hemdchen hundertvierzig Mark, Kaj! Ich glaub, das Erlebnis heben wir uns auf bis zum ersten Lottogewinn.«
Hier gab es das nun alles. Nicht nur die passenden kurzen Hemdchen dazu, auch Büstenhalter (trägt Helga nie, braucht sie nicht) und sogar Strapsgürtel. Ganze Schubladen voll.
Ich bin sonst ein normaler, besonnener Mensch. Aber meine Nerven waren gespannt wie bei einem Irren, kurz bevor er losbrüllt. Den ganzen Tag schon war mein Magen so sauer gewesen, als hätte ich Essig reingekippt. Ich glaube, ich drehte durch – aber ich weiß nicht, warum.
Ich riß all die Höschen und Hemdchen und Büstenhalter und Strapsgürtel aus den Schubladen, warf sie aufs Bett und vergrub mein Gesicht in dem Seidenhaufen.
Ich weiß nicht, wieso ich mir selber so leid tat. Es ging mir doch gut. Ich hatte doch alles.
Den Augenblick suchten sie sich aus, um reinzukommen.

Wer so viele Jahre den Kampf Mann gegen Mann trainiert hat wie ich, der überlegt nicht mehr, wenn die Situation da ist – der handelt. Ich verließ mich auf den unbewußten, gedanklich nicht gesteuerten Ablauf von Reflexen.
Der vordere konnte nur Pröll sein: kurzbeinig, stämmig, brei-

ter Kürbiskopf, den berühmten »Bumbatsch« in der Pratze. Bevor er abdrücken konnte, hatte ich ihm den Arm und (mit dem Knie) die Nase gebrochen. Ein Spezialgriff zur Abwehr bewaffneter Angriffe auf Leib und Leben.
Ich hörte ihn nicht schreien, oder nur wie aus einer anderen Welt. Meine ganze Konzentration galt Jo.
Er wich zurück. Gut für ihn. Aber dann fuhr seine Hand hoch, und es war ein Totschläger darin.
Am Frankfurter Hauptbahnhof kriegt man die Dinger in jedem Eckladen. Treffen sie die Mittelknochen der Hand, kann auch der beste Karatekämpfer seinen Sport vergessen.
Die Antwort auf diese Bedrohung ist nicht der Handkantenschlag – nicht in der Position, wie wir jetzt gegeneinander standen. Es gibt nur zwei sichere Abwehrbewegungen: die mit der Fußspitze zum Unterleib, die zu schweren Verletzungen führen kann, oder den geraden Stoß mit steifen Fingern zu einer Stelle des Körpers, die jeder kennt, der den schwarzen Gürtel hat.
Es gibt einige Körperstellen, die nur wir kennen, und von denen wir nur geprüften, seriösen Sportsleuten erzählen. Defensivbewegungen auf diese Körperstellen trainieren wir ausschließlich mit Kameraden, bei denen wir absolut sicher sind, daß sie ihr Wissen niemals mißbrauchen, sondern nur in unmittelbarer Todesgefahr abrufen würden.
Ein erhobener Totschläger stellt für einen ausgebildeten Karatekämpfer noch keine unmittelbare Todesgefahr dar. Warum ich trotzdem den tödlichen Fingerstoß gewählt habe, weiß ich nicht.
Ich weiß es nicht.

In einem Zustand beherrschter Ruhe – wie wenn ich mich nach einem Kampf diszipliniert vor dem Publikum verbeuge – ging ich die Treppe runter zum Telefon. Die Karte Borowiks steckte in meinem Geldbeutel hinter der Scheckkarte. Ich wählte die Nummer. Die Kriminalbereitschaft meldete sich. Ich verlangte Borowik. Der sei nicht mehr da, um was es denn gehe. Ich meldete einen Schwerverletzten und einen Todesfall und die Adresse. Ich solle beim Telefon warten, hieß es, Borowik werde benachrichtigt.
Ich war mir nicht bewußt, daß ich einen Schock hatte. Das wurde mir erst klar, als es klingelte und zwei Schutzpolizisten

vor der Tür standen... Mir schien nämlich keine Zeit vergangen zu sein, offenbar war ich neben dem Telefon zeitweise weggetreten.
Ein Schupo ging rauf, der andere runter. »Sie sind durch den Kellerrost eingestiegen«, sagte er.
»Durch welchen Kellerrost?«
Ich hatte nicht gewußt, daß es einen gab. Die zum Gartenmobiliar gehörende Truhe stand drauf und verdeckte ihn. Trotzdem meine Schuld: Warum hatte ich mir nicht die Baupläne zeigen lassen.
Borowik erschien mit der jungen Kommissarin Brück und andern, die alle sofort im Haus ausschwärmten. Nur er blieb bei mir stehen. Ich sagte: »Pröll, nehm ich an. Und mein Bruder. Mein Bruder ist tot.«
Borowik sagte irgendwas und ging nun auch rauf. Es wurde unnatürlich hell oben, sie bauten wohl Scheinwerfer auf. Das Telefon klingelte, und ich nahm an, daß es vielleicht Dr. Plüttner war – sie mochte beim Pförtner erfahren haben, daß ich mein Hotelzimmer noch nicht bezogen und mich auch nicht gemeldet hatte...«
»Wulff bei Dr. Plüttner.«
»Jetzt kipp net gleich aus deine Fernsehschlappen, Brüderchen – ich weiß, es isch spät. Aber wir sitze hier grad so gemütlich beisamme, der Pierre und sei Frau und ich, da hab i mir denkt, jetzt ruf i durch und sag dir, wie der Eiffelturm in einer warmen Spätsommernacht aussieht. Hallo, bisch no da?«
»Ja.« Für einen Augenblick hatte ich gedacht, ich würde wahnsinnig. Vielleicht war ich es auch. Aber wie immer, wenn ich Jo in seiner verantwortungslosen Art »babbeln« höre, wurde ich sofort cool und ließ mir keine Gemütsregung mehr anmerken. »Kann ich Pierre mal guten Tag sagen?«
»Augenblick. Pierre!«
Und wirklich hörte ich dann meinen Sportsfreund am Apparat, er sagte, Jo sei heute nachmittag plötzlich vor der Tür gestanden, das Geld habe er ihm schon gegeben, nachher wolle man noch rübergehen zum Montparnasse und in einem der Straßencafés die warme Nacht genießen. Und hier sei mein Bruder noch mal. »Kaj?«
»Ja.«
»Danke für alles.«

»Du meinst, für das Geld.«
»Geld *isch* ja auch alles im Leben, oder? Wie's Wasser für d' Fisch.«
»Soll ich Angela einen Gruß ausrichten?«
Kurze Pause, dann verlegenes Lachen. »Hat se sich beschwert?«
»Nein.«
»Isch auch net zu erwarte.« Er hängte ein.
Borowik stand hinter mir, als ich auflegte. Er sah mich aufmerksam an. Eben wurde hinter ihm auf einer Bahre der Verletzte rausgetragen. Er schrie nicht mehr; seine Augen hatten einen stumpfen Ausdruck. Betäubungsspritze, nahm ich an.
»Das ist nicht Pröll«, sagte Borowik.
»Nicht?«
»Und Ihr Bruder ist eine Schwester, kommen Sie mal mit.«
Ich folgte ihm die Treppe rauf. Die junge Kommissarin stand neben dem Arzt, der sein Stethoskop aufs Herz der Leiche drückte.
Genau unterhalb eines deutlich sichtbaren, wenn auch nicht großen Busens.
»Wollen sie im Ernst behaupten, Sie hätten diese Frau für Ihren Bruder Josef gehalten?«
»Die Statur – muß genau die gleiche sein. Jo ist einsachtundsiebzig. Dazu die Schulterbreite. Auch der Haarschnitt.«
Die Kommissarin hatte bereits ein Zentimetermaß an die Leiche gelegt. »Einsachtundsiebzig – stimmt schon, ungefähr.«
Borowik starrte mich sonderbar an. »Und am Gesicht haben Sie keinen Unterschied bemerkt?«
»Bemerken Sie am Gesicht irgendwas?«
Er beugte sich darüber. »Was meinen Sie?« fragte er den Arzt.
»Der gleiche Schmotz, mit dem Leute sich fürn Faschingszug ein Mohrengesicht schminken.«
»Können Sie sie mal abschminken?«
»Mit Alkohol, sicher.« Er holte das Fläschchen aus seiner Tasche, betupfte einen Wattebausch und rieb. Die Kommissarin hielt den Kopf der Leiche, damit der Arzt beim Säubern des Gesichts keine Schwierigkeiten hatte. Die nußbraune Schminke ging problemlos ab.

Daran, daß ich mich abwandte, merkte Borowik, daß ich die Frau erkannt hatte. »Wer ist es?«
»Eine aus – aus der sogenannten Weibergruppe von Frau Dr. Plüttner. Vorname Senta. Den Nachnamen weiß ich nicht oder hab ihn vergessen.«
»Wo ist Frau Dr. Plüttner jetzt?«
Ich gab ihm die Nummer des BAUR AU LAC; er rief sofort durch und bekam sie auch an die Strippe.
Unterdessen erklärte ich der Kommissarin, ich hätte auf meinem Bett gepennt und sei durch irgendein Geräusch wach geworden. Ich sei rausgekommen in die Diele und hätte Schritte im Schlafzimmer von Dr. Plüttner gehört. Leise sei ich die Treppe raufgelaufen – und an der Schlafzimmertür in dem Augenblick angekommen, als die zwei heraus wollten beziehungsweise die Tür aufmachten. Der eine habe sofort die Pistole gezogen, ich hätte ihn für Pröll gehalten und entsprechend reagiert. Dann sei der zweite mit dem Totschläger gekommen, und obwohl oder weil ich ihn für meinen Bruder gehalten hätte, seien meine Abwehrbewegungen trainingsbedingt reflexhaft abgelaufen. In Hundertstelsekunden. Ohne eine bewußte Willensentscheidung meinerseits.
Mit kaltem, abweisendem Blick hörte sie sich das an, musterte das Zimmer – die herausgezogenen, ausgeräumten Schubladen, den Wäschehaufen auf dem Bett.
»Was haben die im Schlafzimmer gesucht?«
»Schmuck vielleicht?«
»Warum sind sie dann ohne den Schmuck wieder herausgekommen? Wir haben keinen Schmuck bei ihnen gefunden.«
»Einer lebt ja noch. Fragen sie ihn.«
»Das werden wir schon.« Ihr Ton verriet, daß sie mir nicht glaubte. Aber bevor sie weiterfragen konnte, kam Borowik herein. Er sah sich gründlich um und sagte nach einer Weile: »Senta Wurek. Eine Lesbe. Angeblich leidenschaftlich verliebt in Frau Dr. Plüttner.«
Wir schauten alle den Wäschehaufen auf dem Bett an. Die Kommissarin wurde unsicher. Sie warf mir einen Blick zu, der entschuldigend wirkte. »Eine Wäschefetischistin?«
»Warten wir's ab.«
»Das würde erklären, warum die Höschen und BHs rausgekramt sind und nicht die Schmuckkassette.«

Im Fernsehen werden sie immer als sehr schlau hingestellt, die Jungs von der Mordkommission. So schlau sind die aber gar nicht. Ich hatte meine Version des Ablaufs im Moment an Ort und Stelle erfunden – und eigentlich nicht angenommen, daß man mir glauben würde. Aber die Darstellung hielt vor Gericht stand. Der Komplice von Frau Wurek sagte nämlich nicht aus. Das war auch besser für ihn: Wenn er zugegeben hätte, daß er mit der Lesbe hinter dem Schmuck hergewesen war, hätte er eine hohe Strafe bekommen.
Als Komplice einer liebesverrückten Fetischistin, die bloß an die Wäsche der Angebeteten wollte, bekam er mildernde Umstände und wurde noch aus der U-Haft entlassen. Zu diesem Zeitpunkt saß Jo bereits wieder ein (beim Grenzübertritt aus Frankreich erkannt und ohne Gegenwehr festgenommen).
Pröll war nach einem Feuergefecht mit Polizisten in Kiel erschossen worden.
Für mich wäre jetzt also alles in Ordnung gewesen. Ich hatte einen angenehmen Job, eine verständnisvolle Chefin, die mich als Helden bewunderte, und ich hatte Helga.
Was nicht mitspielte, war mein Magen. Oft konnte ich tagelang kein Essen bei mir behalten. Ich verlor Kampfgewicht und Kondition; der Sportarzt verzweifelte und überwies mich an einen Psychosomatiker. Der legte mich auf seine Couch und sagte: »Spucken Sie nicht ihr Frühstück aus... Sondern das Erlebnis, das Sie nicht verdauen können.«
Ich hatte mich auf die Sitzung vorbereitet. Klar – ich wollte wieder gesund werden. Ich wollte alles sagen, aber was war das: *alles?* Ich hatte nachgedacht und in meinem Unterbewußtsein gegraben... Aber dann, auf der Couch, war das weg, und ein paar einfache Szenen gingen mir durch den Kopf, deutlich wie im Kino.
Jo und ich gehen die Straße entlang. Am Kiosk vorbei. »Kaufst mir eine Cola?« fragt er.
»Du weißt doch, daß ich kein Geld hab, Jo.«
»Andere kriegen Taschengeld, warum wir nicht?«
»Frag nicht so blöd.«
Plötzlich hebt er einen Stein auf und schleudert ihn nach dem Kiosk. Das Glas des Schaukastens splittert. Jo rennt. Und ich steh allein da. Der Kioskbesitzer kommt herausgeschossen und auf mich zu. »Saubub dreckiger.« Er schlägt

mich links und rechts ins Gesicht. Ich sage: »Es war mein Bruder. Ich weiß, ich hätte besser auf ihn aufpassen sollen, es tut mir leid. Ich will es wieder gutmachen.«
»Geld will i sehe! Wo bischn du her?«
»Ich heiße Kajetan Wulff. Unser Vater ist auf Montage. Meine Mutter arbeitet nur unregelmäßig, sie hat kein Geld, und versichert ist sie auch nicht. Es tut mir leid. Aber vielleicht kann ich den Schaden abarbeiten.«
Schon als Kind hab ich nicht Schwäbisch gesprochen.
Er wird unsicher. »Ich hab vielleicht zu fest zugehauen. Es war die Wut.«
»Wann kann ich mit der Arbeit anfangen?«
»Kommsch halt morge mittag, da krieg ich die Getränke. Kannsch ablade helfe. Oder hasch noch Schul so um halb zwei rum?«
»Die Schule ist um eins aus.«
»Was hat denn dei Bruder wolle? Bloß Scherbe mache?«
»Eine Cola.«
»Hilf ablade, dann kannsch du Cola saufe, bis dir übel wird.«
»Also ein Erfolgserlebnis für Sie«, sagte der Psychosomatiker.
»Ja, sieht so aus.«
»Sie sind doch angetreten zum Abladen?«
»Ja, und hab meine Colas gekriegt. War ein freundlicher Mann. Viel Verständnis.« Der Arzt wartete. »Ich bin immer angetreten«, sagte ich. »Und Jo ging ins Schwimmbad. Ich hab recht behalten mit meiner Art, und Jo unrecht. Drum hab ich jetzt auch mein Auskommen, und er sitzt im Knast.« Ich wollte, es wär umgekehrt, dachte ich.
»Was denken Sie?« fragte er scharf.
»Daß Jo ein besseres Leben gehabt hat.«
»Ein leichteres, meinen Sie.«
»Ist das so wichtig, wie man dazu sagt?«
Er sah eine Weile aus dem Fenster. »Ich versteh schon, Herr Wulff. Also gut, fangen wir an mit unserer Arbeit.«

-KY

Ein seltener Fall von Witwenverbrennung

»Und wir kommen doch nicht weiter / Und das Lebensrätsel bleibt...« Diese Schlußverse aus einem der kleineren Gedichte Theodor Fontanes, kaum weiter bekannt, wollten und wollten mir nicht aus dem Kopfe gehen, wurden mir mit jedem neuen Glockenschlage stärker eingehämmert; und lange suchte ich, anstatt des teuren Toten zu gedenken, den Titel, den es trug, verschüttet wie er war, aus dem Gedächtnis abzurufen, bis er mir dann endlich einfiel – ganz schlicht: *Umsonst.*

Während wir in langer Schlange darauf warteten, zu Conradin ans Grab zu treten, Erde zu Erde, Staub zu Staub, und Armgard unser Beileid auszusprechen, vielleicht auch kühn die Gelegenheit nutzend, sie endlich einmal zu umarmen, da wurde unter den Trauergästen auch vieles geflüstert und mehr noch gedacht, was gemein und schäbig war, zumindest aber wenig schicklich, doch nach Lage der Dinge auch wiederum nur allzu verständlich.

»Ich glaube immer noch, daß die den auf'm Gewissen hat...«

»Das war doch nie und nimmer 'n Unfall!«

»Jetzt hat sie ja alles für sich alleine...«

»Mal sehen, welcher der edlen Herren jetzt in den Genuß ihres freudenspendenden Leibes gelangt; die möglichen Nachfolger sind ja allesamt schon angetreten...«

»Die potentiellen oder die potenten?«

»Wie auch immer, es ist wohl eine ziemliche Leichenfledderei hier und heute.«

»Die Kripo sollte sich einmal ein bißchen mehr darum bekümmern; so ganz astrein scheint mir das ja auch nicht gewesen zu sein, wie unser Conradin da plötzlich verschwunden ist, im ruhigsten Gewässer...«

»... wie die Drohnen: wenn sie ihre Schuldigkeit getan haben, müssen sie sterben.«
»Wobei aber Conradins Schuldigkeit nicht in der Ablieferung seines Samens bestanden hat, sondern in der Vererbung seines Vermögens...«
»Nie waren die Conradins so wertvoll wie heute!«
Mochte sich die Verwunderung darüber, daß Conradin schon nach gerade dreiwöchiger Ehe so plötzlich und unerwartet abberufen worden war, noch in Grenzen halten, da Badeunfälle hierzulande ja durchaus nicht als so außergewöhnlich zu gelten haben, so waren die Spekulationen darüber, wer wohl nach ihm an Armgards Seite treten würde, maßlos in ihrem Phantasiegehalt und ausufernd. Doch diejenigen, die Armgard etwas genauer kannten, wußten wohl, wie schon im Ansatz verfehlt diese Frage war und das Wesen der jung Verwitweten völlig verkannte.
Wir fünf – Ruth, Berthold, Roderich, Timon und ich –, wir wären hier zu ganz anderen Kommentaren fähig gewesen und hätten da mit dem Tiefenlot gearbeitet, wo andere nur den Finger kurz ins Wasser tauchten, denn es gab Leute, die es sich, zwangsneurotisch oder besessen davon, wie immer man wollte, zur ewigen Aufgabe gemacht hatten, beispielsweise den Überweisungscode amerikanischer Großbanken zu knacken, das Geheimnis der mysteriös-ungewissen Atlantisinsel zu ergründen oder die möglichen Botschaften extraterrestischer Intelligenzen herauszufiltern aus dem allgemeinen Weltraumrauschen, so war Armgard von einer Reihe von Menschen umgeben, die mit der gleichen Absolutheit nichts weiter erstrebten, als sie und ihre Psyche zu entschlüsseln.
Armgard als der Mittelpunkt unseres Lebens, als unser Sinn, als das Glück, einer zurückgekehrten Göttin dienen zu dürfen, das war es wohl, und dies im Jahre 1982, oder vielleicht auch gerade deswegen, weil in diesen Zeiten so schwer etwas zu finden war, für das es sich zu leben lohnte. So waren wir ihr zugelaufen, weil wir von ihr erhofften, daß sie unsere Schmerzen linderte und uns voranbrachte im langen Prozeß, unser eigentliches Ich zu finden, andererseits aber hatte sie uns eingefangen, weil sie uns zur eigenen Reifung brauchte. Doch darüber später mehr.
Nun, gleichviel, aber wenn einer, insbesondere lange vor

allen Journalisten, die sich auch darum bemühen, wirklich berufen ist, derart über Armgard Diehms Schicksal zu berichten, daß die höchstmögliche Teilnahme des Lesers gesichert wird, dann ich, denn seit mehr als dreißig Jahren verfolge ich ihr Leben und befinde mich im Zustand innerer Abhängigkeit von ihr, fast schon ist es eine Sucht. Das begann an dem Tage, da sie in der siebten Klasse unseres alten Gymnasiums auf den Platz unmittelbar vor mir eingewiesen wurde. Stunde um Stunde konnte ich mich nun dem Genuß hingeben, sie in mich aufzunehmen, aufzusaugen, mit allen Sinnen für mich zu haben – ohne sie indessen je zu berühren, von Zufällen einmal abgesehen. So wild der Durst auch wurde, ich blieb ein Tantalus, doch das gerade ist es ja, man denke an die wahre Minne, was recht eigentlich nur zählt. Ein verloren im All herumirrender Planet war von einer Sonne eingefangen worden, nur – so die Gesetze unseres Kosmos – verschmelzen mit dieser Sonne konnte er nicht, ebenso wie er ihr niemals wieder zu entfliehen vermochte.
Offenbar ist es mein Schicksal wie meine Berufung, zu keinem anderen Zwecke auf dieser Welt zu sein, als die Chronik der Armgard Diehm zu schreiben. Nun denn!
Armgards Mutter, und zumindest mit dieser werde ich wohl beginnen müssen, war eine von vielen Kontokorrentbuchhalterinnen des großen Hauses Siemens, ihrer Arbeit weithin entfremdet und schlecht bezahlt, aber mit einem Hang zum Höheren, wie man das in Berlin zu nennen pflegte, also zur Kunst, Musik und Literatur, und in ihren nie abreißenden Tagträumen war sie immer auf der Flucht aus der sterilen Welt ihres Großraumbüros. Und ihre bevorzugte Zufluchtsstätte war Theodor Fontanes märkisch-preußische Welt, waren die Schlösser und Orte der erfüllten Ruhe und des wunderbaren Gleichmaßes aller Erdentage, wie sie sie in seinen *Wanderungen durch die Mark Brandenburg* fand, vor allem aber in seinen vielen Romanen, bei *Frau Jenny Treibel* etwa oder *Schach von Wuthenow*, sogar noch *Irrungen Wirrungen* und *L'Adultera* taten ihr wohl, ganz oben aber in ihrer Prioritätenliste stand *Der Stechlin*. Seiner Lektüre nun verdankte dann Armgard auch ihren nicht gerade eben häufigen Namen. Wir erinnern uns: Armgard, die jüngere Tochter des Grafen Barby, eine Berlinerin schweizerisch-englischer Abkunft, wird die Frau des jungen Woldemar von Stechlin, ist aber

innerlich noch viel mehr ihrer kompliziert-geheimnisvollen Schwester Melusine verbunden, zugleich aber mit ihrer gradlinig-schlichten Art in auffälligem Gegensatz zu ihr stehend, wobei als weitere Wirrnis hinzukommt, daß man dem jungen Stechlin doch wohl eher die melancholisch-kapriziöse Schwester wünschte, auch des eigenen Vergnügens beim Nachvollziehen ihres Lebens wegen, wie er auch selber lange zwischen beiden geschwankt hat. Sicher, man liebt die Melusine, wie sie das Glück der jüngeren Schwester teilt, überaus achtbar das alles, aber ist nicht doch ganz leiser Zweifel anzumelden? Wird das auf Dauer auch so bleiben und ist nicht vorstellbar, daß sie, Melusine, die den Woldemar liebend gern für sich besessen hätte, nicht später doch einmal auf Rache sinnt?
Wie dem auch sei, es ist an der Zeit, wieder zur realen, zu unserer Armgard zurückzukehren, zum kurzen Abriß ihrer bis dahin nicht einmal sehr aufregenden Biographie. Bliebe zunächst noch ihr Vater, über den aber nicht mehr zu berichten ist, als daß er schon vor ihrer Geburt bei einem Verkehrsunfall ums Leben gekommen war, lange bevor über ihren Namen endgültig entschieden worden war, ganz sicher aber als handfest-unpoetischer Programmierer – FORTRAN und COBOL – sein Veto gegen *Armgard* eingelegt hätte. So jedenfalls wird das gesund auf die Welt gekommene Mädchen auf den von der Mutter gewünschten Namen getauft und in den Akten des Standesamtes Berlin-Charlottenburg, Alt-Lietzow 28, ordnungsgemäß registriert, in einer prächtigen spätklassizistischen Villa mit einem Relief von Daniel Christian Rauch, das drei Einzelszenen aus dem Leben Friedrichs des Großen zeigt. Weder die Krankenschwestern noch der Pfarrer oder der Urkundsbeamte sahen sich dabei veranlaßt, irgendeine abfällighämische Bemerkung über ihren Vornamen zu machen, denn Armgard, ja eigentlich Armgard Kaminski, hatte schon von Anbeginn an etwas an sich, das alle Spötter zum Verstummen brachte und die empfindsamen Gemüter fast in Anbetung verfallen ließ.
Mit dieser Namensgebung war, sieht man es rückblickend, recht eigentlich Armgards biographische Programmierung vollzogen worden, denn schon bald merkte sie, verglich sie sich mit ihren Spielgefährten, daß ihr Vorname ganz gehörig aus dem Rahmen fiel, aus einem Rahmen, der mit den Namen

Stefan und Sabine, Monika und Uwe so etwa zu umreißen war. Und im Sinne einer selffulfilling prophecy (den Begriff selber sollte sie erst zwanzig Jahre später auf der Uni lernen), einer sich selbst erfüllenden Prophezeiung also, begann sie nun, die zu werden, die ihr Name ihr vorgab. Natürlich war auch sie, kaum des Lesens fähig, den Werken Fontanes verfallen; was Wunder bei dem hohen Grade an Verehrung, die dieser von seiten ihrer Mutter erfuhr.

Die Menschen werden, das wissen wir, nicht in wenigen traumatischen Sekunden geformt, was ich auch, trotz aller Theorien über den Geburtsschock und dergleichen, an dieser Stelle zu schreiben wage, sondern in jahrelangen, für sich allein winzig-unbedeutenden Handlungen und Erlebnissen, und wer über bald dreißig Jahre hinweg Tag für Tag in die Fontaneschen Welten versinkt, der wird, so ihn nicht andererseits ganz gewaltige Kräfte und Zwänge ins reale Jetzt zurückzustoßen vermögen, allmählich nichts weiter im Sinne haben, als so zu leben wie die glorifizierten, die mystifizierten Figuren seiner Romane.

Konkret hieß das für Armgard nichts anderes, als eine Möglichkeit zu finden, die es ihr gestattete, nach Art einer Komtesse der Jahrhundertwende zu leben, also frei zu sein von allen lästigen Pflichten, wie sie Berufstätigkeit und Hausfrauendasein heutzutage mit sich bringen. *Muße* zu haben und einen *Salon* zu führen nach Altberliner Vorbild, man denke nur an die Henriette Herz, die Rahel Varnhagen oder die Bettina von Arnim. Geld zu haben, hieß das und damit die Zeit, ohne Vorgesetzte und Termine am Fenster zu stehen, nur einfach so, und den Regentropfen zuzusehen oder den Schneeflocken, sich hinwegtragen zu lassen von wohlig-bunten Gedanken lichtjahreweit in die Märchenwelten der Kindheitstage oder die der fernen Sterneninseln, Menschen um sich zu scharen, die Geschichten zu erzählen wußten und mit ihren turbulentbewegten, wirren Lebensläufen selber schon Romane waren, Zeit zu haben, zu malen und zu musizieren, Gedichte zu schreiben, Zeit zum Wandern und zum Reiten. Dies alles war es, was für Armgard Leben hieß, eigentliche Existenz, richtiges Menschsein. Nicht verbraucht zu werden für die Zwecke anderer, verschlissen von Organisationen und Institutionen, sondern für sich selber dazusein, das exemplarisch zu vollenden, was der kosmische Schöpfungsplan für

seine höchstentwickelten Lebewesen letztendlich doch wohl vorgesehen hatte.
Um dieses Lebensziel zu erreichen, bedurfte es zweierlei: eines erfolgreich absolvierten Studiums der einschlägigen Künste – Theaterwissenschaft, Literatur, Malerei, Architektur und anderer, angrenzender Disziplinen – wie, und dies vor allem, der Gewinnung finanzieller Ressourcen. Obwohl sie sich, da ohne Vater, Bruder und andere männliche Verwandten aufgewachsen, im Kreise vertrauter Frauen viel wohler fühlte als inmitten von Männern, deren stets immer erst zu sublimierender Begattungstrieb sie erheblich ängstigte, war ihr bald bewußt geworden, daß sie, es war eine ganz nüchterne Wahrscheinlichkeitsrechnung, den gesuchten Mäzen nur in der Form eines Mannes und über leibliche Gegenleistungen würde gewinnen können. Weil die höheren Positionen, die Pfründen und die Sinekuren in Bundesdeutschland, das wußte sie natürlich, nahezu ausschließlich von Männern in Anspruch genommen und verwaltet wurden und ihr mangels ausreichender Begabung Karrieren im Showgeschäft, aber auch auf der Bühne und im Literaturbetrieb vermutlich verwehrt waren, es darüber hinaus auch nichts Wesentliches zu ererben gab, blieb ihr nur, sich anzukoppeln an jemanden, der ihr das gelobte Land verfügbar machen konnte, sich selber dafür eintauschend, ohne sich dabei aber zu verlieren.

Aus amerikanischen Büchern, *Die Clique* etwa, aber auch aus deutschen Fernsehproduktionen erfuhr sie, wie ein Mädchen der oberen Mittel- und der Oberschicht beschaffen sein mußte, um für die Unternehmersöhne und die Jungmanager von ausreichendem Gebrauchswerte zu sein, und sie baute dies alles mit ziemlicher Akribie in ihren Lebensplan ein. Tennis natürlich, ein wenig Ballett und Mannequinschule, auch Schauspielunterricht und das Besingen einer kleinen Schallplatte, an alles ward gedacht, selbstverständlich auch an fremde Sprachen, bis hin zum Spanischen.
Und da ihr die Natur auch genügend körperliche Attraktivität gegeben hatte, war sie am Ziel, ehe sie auf die Dreißig zuging. Er hieß Konrad Diehm, handelte mit Lederwaren aller Art, en gros natürlich, und wurde, da er am Telefon seinen Namen oft nur nuschelnd hervorstieß, von allen liebevoll nur Conradin genannt.

Conradins Gründe, Armgard zu heiraten und damit – alle Vorfahren als mögliche Anspruchsberechtigte waren schon lange aus dieser Welt gegangen – zur Alleinerbin zu machen, schienen uns allen nicht ganz verständlich, aber bei Lichte besehen bleibt es ja bei jedem Paare ein wenig rätselhaft, warum die beiden glauben, gerade mit diesem Partner und mit keinem anderen den Sprung zur höheren Lebensqualität zu schaffen, die sich ergeben soll, wenn und falls ihre Körper und ihre Seelen miteinander verschmelzen. Conradin, direkt befragt und wissend, daß dieser kosmischen Programmierung, sich einmal paaren zu müssen, wie im Einzelfall auch immer, kaum zu entrinnen ist, hätte denn auch ganz lakonisch geantwortet: »Is ja langsam auch mal Zeit geworden...«

Und warum nun gerade Armgard? Viel lieber als Geschäftsmann, dazu hatte ihn der Vater gezwungen, wäre er, phantasievoll wie er war, seine Exkursionen nach Indien beweisen das, wohl Buchhändler oder gar Verleger geworden, und der damals verdrängte Teil seines Wesens brach nun offenbar wieder hervor in dem Gedanken, einmal einen Sohn zu haben, der diesen Wunschtraum in Leben umsetzen konnte – wozu eine Mutter wie Armgard die besten Voraussetzungen zu bieten schien. Einfach in allem, so mußte er glauben, war sie als Idealbesetzung für jene Rollen anzusehen, die auf seiner Bühne für sie vorgesehen waren. Sogar bettmäßig, wie er das ausdrückte, gefiel sie ihm über alle Maßen. Da sie ihre Faszination auch dem fortwährend erzeugten Hauch der Unnahbarkeit verdankte, ihrer aufreizenden Schläfrigkeit, hatte er hier eher Frigidität und Einfallslosigkeit vermutet, war aber in der Probenacht aufs angenehmste überrascht worden, hatte sie sogar in Anbetracht seiner chronischen Herzrhythmusstörungen auf eine weitere Gelegenheit vertrösten müssen (auch dies war ein wichtiger Punkt in Armgards Vorbereitungsprogramm gewesen).

Erst als er die entscheidende Unterschrift vollzogen hatte, mochte Conradin anflugsweise der Gedanke gekommen sein, von Armgard vornehmlich als Instrument gesehen zu werden; immerhin war er schon einundfünfzig Jahre alt, und das Grundstück in Berlin, mitsamt der vielzimmrigen Villa, die schon mehr ein Herrensitz war, mochte seine anderthalb Millionen Mark wert sein, von seiner Fabrik in Indien und den anderen Vermögenswerten nicht einmal zu reden.

Doch Armgard, so ließ er immer wieder hören, wäre ihm jeden Preis wert gewesen, denn – den weiteren Text summte er als Schlager – »das kann das Leben nur einmal geben...«
Zwei Tage später, auf den Klippen von Cornwall, war es dann auch zum entscheidenden Dialog zwischen ihnen gekommen.
»Liebst du mich wirklich?«
»Wirklich und hundertprozentig...«
»Hundertprozentig, Armgard, das heißt: du würdest mir augenblicklich hinterherspringen, wenn ich jetzt hier in die Tiefe stürzte...?«
»Ja, würde ich!«
Damit war für ihn klar, daß das, was sie verband, durchaus die Bezeichnung *Liebe* verdiente, und das stimmte ihn glücklich. Seine vormaligen Befürchtungen hatten sich, das stand nun fest, als absolut gegenstandslos erwiesen.
Es wurde eine große Feier, und Armgard hatte allen Grund dazu, denn Conradins Vermögen garantierte ihr, sofern keine Weltkatastrophe dazwischenkam, lebenslang das, was sie immer erträumt und begehrt hatte: Muße und Menschen; Menschen, die um sie kreisten.
Ihr *Salon* war gesichert, und er, zentral wie er ist, bedarf noch einiger erläuternder Zeilen mehr, bevor mit der Schilderung aller weiteren Ereignisse fortgefahren werden kann.
Schon lange vor der Conradin-Zeit hatte Armgard begonnen, einen Kreis ihr ergebener Menschen um sich zu scharen, zuerst in ihrem kaum mehr als zwölf Quadratmeter messenden Jungmädchenzimmer, um dann, nach dem Tode ihrer Mutter, deren ganze Neubauwohnung für diesen Zweck zu nutzen. Zwar war die Fahrt ins Märkische Viertel, der größten der Berliner Trabantenstädte, nördlich vom Zentrum gelegen, recht zeitaufwendig, insbesondere für diejenigen, die keinerlei Fahrzeug besaßen, doch Armgard brauchte über mangelnden Zulauf dennoch nicht zu klagen.
Wenn sie einen jeden von uns, kaum daß wir beim Kaffee saßen, mitfühlend danach fragte, wie es ihm denn gehe, dann hatte das allein schon eine ungemein heilsame Wirkung. In unnachahmlicher Weise verbanden sich bei ihr die Kräfte und die Attitüden von Menschen und Berufen, die uns das Überleben erst ermöglichen, indem sie unsere Psyche entlasten und gesunden lassen. Sie war Madonna und Ärztin zugleich, Seel-

sorgerin und Psychotherapeutin, Geliebte und Mutter – und konnte dies alles zusammenhalten durch die seltene Gabe, noch so richtig im alten Stile plaudern zu können. Was sie wahrhaft auszeichnete, eben, das war die Fähigkeit zur Causerie, wie Fontane das nannte, mit wenigen Worten eine anheimelnde Atmosphäre zu schaffen und zu erreichen, daß die Menschen wieder zur Ruhe kamen. Man vergaß die Zeit bei ihr, sein eigenes Leiden; eingefangen und verzaubert von ihrer Kunst, Kleinigkeiten, ja Nichtigkeiten zu Mysterien werden zu lassen. Die Binsenweisheit, daß jeder Mensch eine einmalige und wunderbare Schöpfung des Kosmos sei, verstand sie umzusetzen in ein spezielles, fast Euphorie zu nennendes Lebensgefühl, das die Niedergedrückten wiederaufrichtete, in Überlebenskraft. Gelang es, und dies Beispiel soll für viele stehen, dem Kinde einer Freundin etwa, nach längerem Bemühen seinen ersten Buchstaben zu schreiben, so war das für Armgard nicht das ganz Normale und, da ja schon milliardenfach vorher geschehen, eine sehr gewöhnlich-routinehafte Sache, sondern ein Ereignis von einmaliger Bedeutung und Größe, das es gebührend zu bejubeln galt. Das tat sie dann fast in der Manier einer Missionarsgattin, die vor den aufgereihten Heidenkindern leuchtenden Auges ausruft: »Euch ist der Heiland geboren!«
Auch wenn das alles durchschaubar war in seiner Machart wie in seiner Funktion, so war es genau das, was Armgards Salon so anziehend machte. Hier wurde ein trüber Tag nicht bejammert, sondern als willkommene Gelegenheit begrüßt, viele Kerzen zu entzünden und sich an ihrem Glanze zu erfreuen, das Eis wieder abzuschmelzen, mit dem wir alle überzogen waren; es war ja Eiszeit draußen.
So war es nur logisch, daß sich um Armgard herum in den ersten Phasen ihres Salons ausschließlich Männer und Frauen versammelten, jeden Alters übrigens, die irgendwie gehandicapt waren, im Leben zu kurz gekommen, so oder so Behinderte oder Gescheiterte.
Da war zunächst Berthold, von Anfang an als Rechtsberater und organisatorischer Großmeister der Gruppe fungierend, ein Pianist und Musikwissenschaftler, der bei einem Unfall in der Berliner U-Bahn, bei Abfahrt des Zuges von den selbsttätig schließenden Türen eingeklemmt und bis in den beginnenden Tunnel mitgeschleift, den linken Arm verloren hatte und

nun an der Fachhochschule für Verwaltung und Rechtspflege mit dem Ziel studierte, Beamter der allgemeinen nichttechnischen Verwaltung zu werden.
Dann Timon, der trotz seiner nunmehr zweiunddreißig Lebensjahre noch immer bei seiner Mutter, seinem Mütterlein, wohnte, jungenhaft wie eh und je, im wohl schon zwanzigsten Semester Germanistik studierte und Monat für Monat Gedichte, Hörspiele, Kurzgeschichten und ähnliches schrieb, dafür zwar niemals einen Abnehmer fand, sich aber über seine vielen kleinen Niederlagen stets mit Armgards Argument hinwegtröstete, dies alles seien ja nur Fingerübungen für seinen großen Berliner Familienroman, *Die Familie Bulgrin,* dessen Aufriß allein schon ein Ereignis sei.
Vom Dienstalter her der dritte war Roderich, ein Frührentner mit einem Herzklappenfehler, der als Medizinstudent begonnen hatte, dann, weil der lange Weg zum Gynäkologen zu aufreibend für ihn geworden war, einen Platz in der Hauptverwaltung der Berliner Verkehrsbetriebe gesucht und gefunden hatte, um jetzt voll und ganz seinen Neigungen zu leben, und die hießen Kunst und Kunstgeschichte, einschließlich eigener Malversuche.
Dann kam Ruth, Armgards hochbegabte und geheimnisvollverschlossene Cousine, etwa im gleichen Alter wie sie, inzwischen Psychologin geworden, nicht zuletzt auch, um ihre eigenen Neurosen besser begreifen zu können, und nun, nach einer Zusatzausbildung in klinischer Psychologie, die Fachzeitschriften mit originären Vorstellungen über eine neue und ganzheitliche Therapie füllend; doch nirgendwo wollte sich eine adäquate Stelle für sie finden lassen.
Zu guter Letzt darf ich mich selber nennen, nicht ohne zu erklären, daß ich nach der Veröffentlichung meiner ersten Kriminalromane nur deshalb in Armgards Kreise verbleiben durfte, weil in ihrem Verständnis, und in dem der anderen auch, ein Krimischreiber kein richtiger Schriftsteller war, kein Literat, dem dann auch die Hochachtung aller gegolten hätte, sondern lediglich jemand, der auf dem Wege, ein solcher zu werden, tief im Trivialen steckengeblieben war.
Ohne Zweifel hielt sich Armgard ihren Salon aber auch, wenn nicht sogar vornehmlich, aus einem nicht eben altruistisch zu nennenden Grunde: nämlich um Macht über andere Menschen auszuüben, wie ja jede Hilfeleistung und jede Wohltä-

tigkeit zugleich immer auch eine Demonstration der eigenen Überlegenheit dem Schwächeren gegenüber ist, dem Empfangenden. Da hatte sie einen Mikrokosmos, in dem sie königinnengleich herrschen konnte, bewundert wurde und verehrt. Hatte einer ihrer Dauergäste entgegen jeder Vorhersage doch einmal beruflichen Erfolg oder schaffte es, die Gründung einer eigenen Familie zuwege zu bringen, so konnte er sich fortan als ausgeschlossen betrachten. Armgards Macht über Menschen, Armgards Magie wirkte nur bei denen, die da, das läßt sich mit den Worten der Bibel am besten sagen, mühselig und beladen waren; bei allen anderen, da versagte sie. Selbstverständlich waren ihr, seit sie Conradin kannte, nach und nach auch andere Zirkel zugewachsen, sich ebenso aus der neuen Nachbarschaft, der Villenkolonie Grunewald, rekrutierend wie aus den Reihen der wichtigsten Geschäftsfreunde ihres Verlobten und späteren Ehemannes, doch Armgard legte großen Wert darauf, daß auch der alte Kreis zusammenblieb, jetzt erst recht, wo es ihr gelungen war, den lang erträumten Thron zu besteigen.
So waren wir fünf vom Ur-Salon, wie übrigens an jedem Samstagabend, auch knappe vierzehn Tage nach Conradins Beisetzung wieder auf dem Wege zum Johannaplatz, Berlin-Grunewald, diesmal in Ruths altgedientem Käfer anreisend. Conradins Villa, ein reichgegliedertes Werksteinhaus im Stile der deutschen Renaissance, reichte mit seinem langgestreckten Garten noch hinunter bis zum Herthasee. Hier war der Ort, wo Geschäftsleute und Industrielle von höchstem Karat sich angesiedelt hatten, um die Lücken zu schließen, von denen nach dem Ausfall des Adels die deutsche Elite gekennzeichnet war, im Berliner Raum zumindest.
Da Armgard uns in einem Raume empfing, der der Gemäldegalerie im Stadthause van der Straatens bis ins letzte Detail hinein nachgestaltet worden war, darf ich, ehe meine eigene Feder sich vergeblich müht, seine Atmosphäre angemessen einzufangen, gleich aus Fontanes *L'Adultera* zitieren, seinem ersten großen Gesellschaftsroman:
»Jeder der Eintretenden war an dieser Stelle zu Haus und hatte keine Veranlassung mehr zum Staunen und Bewundern. Wer aber zum ersten Male hier eintrat, der wurde sicherlich durch eine Schönheit überrascht, die gerade darin ihren Grund hatte, daß der als Speisesaal dienende Raum kein

eigentlicher Speisesaal war. Ein reichgegliederter Kronleuchter von französischer Bronze warf seine Lichter auf eine von guter italienischer Hand herrührende, prächtig eingerahmte Kopie der Veronesischen ›Hochzeit zu Cana‹, die von Uneingeweihten auch wohl ohne weiteres für das Original genommen wurde, während daneben zwei Stilleben in fast noch größeren und reicheren Barockrahmen hingen. Es waren, von einiger vegetabilischer Zutat abgesehen, Hummer, Lachs und blaue Makrelen, über deren absolute Naturwahrheit sich van der Straaten in der ein für allemal gemünzten Bewunderungsformel ausließ, ›es werd ihm, als ob er taschentuchlos über den Cöllnischen Fischmarkt gehe‹.
Nach hinten zu stand das Buffet, und daneben war die Tür, die mit der im Erdgeschoß gelegenen Küche bequeme Verbindung hielt.«
An diesem verregneten Juliabend, dessen niedrige Temperaturen ein längeres Verweilen im Garten kaum zuließen, nicht einmal unter der überdachten Terrasse, waren neben uns fünfen noch drei andere Gäste geladen, von denen die beiden älteren dieser Soiree ein geradezu exotisches Gepräge gaben. Herr Chatterjee und Herr Maljumdar, beide, wie aus ihrem Namen unschwer zu schließen, aus dem fernen Indien stammend, waren Conradin seit langem als schätzenswert zuverlässige Geschäftspartner eng verbunden gewesen, ersterer als Leiter des kleinen Betriebes in Ajanta, im indischen Bundesstaate Mahar Ashtra, an die vierhundert Kilometer von Bombay entfernt, und letzterer als Einkäufer der Amba-Export-Import, deren Aufgabe darin bestand, von billigen indischen Arbeitskräften Schuhoberteile nähen zu lassen und diese dann nach Deutschland zu verbringen, wo sie in den entsprechenden Fabriken nur noch mit Absätzen und Sohlen versehen und in den Vertrieb gegeben wurden. Auch der hiesige Prokurist des Conradinschen Unternehmens war heute zugegen, ein gewisser Herr Gerstenberger, der, was sich nun für Armgard als wahrer Segen erweisen sollte, in seiner Profession sehr kompetent und tüchtig war und auch mit seinen pointenreichen Erzählungen über große und kleine Eisenbahnen, seinem einzigen Freizeitvergnügen, durchaus zu gefallen wußte.
So begann er auch, als wir eben Platz nehmen wollten, den Abend mit einer diesbezüglichen Entschuldigung zu eröff-

nen, nämlich der, nicht im eigenen Mercedes und dadurch leider ein wenig nach der Zeit gekommen zu sein, sondern, wie sich das bei seinem jetzigen Wohnsitz Frohnau ja geradezu aufgedrängt habe, mit der S-Bahn, einem Genuß für nur einhundertachtzig Pfennige, der auf der ganzen Welt seinesgleichen suche; und zwar sei er bis zum exterritorialen Bahnhof Friedrichstraße, DDR-Gebiet ja schon, mit einem alten Halbzug der Baureihe 275 gefahren, dem allbekannten »Stadtbahnwagen« mit seinen wundervollen Nietenreihen, und dann mit einem sogenannten »Olympiazug« der Baureihe 276 bis hin zur Station Charlottenburg, um sich dort einer Taxe anzuvertrauen.

»Nun, sicher ist das ein Erlebnis«, sagte Berthold, »die schönste Museumsbahn, die man sich nur denken kann. Wie sie bei ihrer seltsam singenden Fahrt auf märkischem Sand, auf Viadukten und unter der Erde, wie sie da Deutschlands Geschichte vor uns Revue passieren läßt, vom Glanze des Kaiserreichs bis zum Elend hin, das die Nationalsozialisten uns allen hinterlassen haben, die deutsch-deutsche Teilung allem voran, das ist schon in höchstem Maße bewegend; der preisgekrönte Film von Alfred Behrens beweist das ja am besten, dieser unsagbare Reiz des Verfalls; anzuschauen, wohin jeder Größenwahn führt, die Kriegslust: Gras über den Ruinen Berlins; aber immer noch nicht und Gott sei Dank Karthago.«

»S-Bahn – für mich sind das eher Kindheitserinnerungen«, sagte Armgard, »Fahrten ins Grüne, Fahrten zu Verwandten; die Züge übervoll von dampfenden Menschenleibern, wenn draußen mal der Regen fiel...«

»Ich kann mich noch erinnern«, sagte Timon, »da war ich keine zehn Jahre alt, als wir eine geerbte Nähmaschine – Hedwig, hieß die Tante: Hedwig, deine Nähmaschine näht nicht! –, als wir eine ererbte Nähmaschine aus dem Osten zu uns nach Berlin-West hinüberschaffen wollten, ein wunderschönes Stück, so ganz die alte Gußeisenform der Firma Singer, wißt ihr, aber keine offizielle Erlaubnis dazu bekommen konnten. Da haben wir dann die dickste Kette genommen, die wir auftreiben konnten, und die Maschine in Ost-Berlin auf einem der dortigen Ringbahnhöfe, Leninallee wohl, schnell in den haltenden Zug gehoben und kunstvoll an einem der sehr stabilen Sitze befestigt, am Fuße unten. Bei der Kontrolle auf dem Bahnhof Treptow dann, östlicherseits, versteht sich, rüt-

telten und rissen die Uniformierten dann, ganz außer sich, an dieser Riesenkette, ohne aber eine Chance zu haben, sie zu sprengen oder gar jene Sitzbank aus ihrer Verankerung zu reißen. Auf die wiederholt und immer lauter gestellte Frage, wem dieses Dings denn eigentlich gehöre, gaben wir, zumal das alles immer bedrohlicher zu klingen begann, natürlich keinerlei Antwort, starrten nur völlig desinteressiert auf die Spree hinunter, wie übrigens alle Passagiere dieses Waggons. Wie sollten die armen Grenzorganisationsangehörigen, ich frage euch, ich frage Sie, in der Eile nun entscheiden? Den damals noch sehr dichten Zugverkehr nachhaltig stören, den Nähmaschinenzug gar aufs Abstellgleis beordern, bis eine Eisensäge herangeschafft war – oder uns mit dem ererbten Stück, sozialistischem Volkseigentum also und damit Diebesgut im streng rechtlichen Sinne, schrecklicher Gedanke, einfach so entkommen lassen? Nun, nach vielem Hin und Her durfte unsre brave S-Bahn dann, nicht zuletzt deswegen auch, weil der Fahrer vorne schon zorniges Signalgetute hören ließ, in den Westen weiterrollen.«
Während auch die anderen, mit Ausnahme der beiden Inder natürlich, vergnüglichste S-Bahn-Geschichten vortrugen und beredt für den Erhalt dieser Insitution eintraten, die uns allen so ans Herz gewachsen war, ließen wir uns bereits schmecken, was Armgard alles an Delikatessen aus dem KaDeWe hatte kommen lassen, Taubeneier unter anderem, geräucherte Forelle, Kaviar, Lachs und diverse Salate, doch das Thema, das dann nach den S-Bahn-Episoden unsere weitere Unterhaltung beherrschte, war weniger dazu angetan, das übliche Wohlbehagen aufkommen zu lassen – ganz im Gegenteil.
Ruth hatte, gleich nach dem Aperitif, es war eigentlich kaum zu verzeihen, an Armgard die Frage gerichtet, ob die Kriminalbeamten noch einmal bei ihr gewesen seien, angetrieben vom verinnerlichten Mißtrauen ihres Berufsstandes und davon ausgehend, daß Millionäre unmöglich auch eines natürlichen Todes sterben könnten.
Armgard ließ sich Zeit mit ihrer Antwort. »Ja, es spukt da, als Folge ihrer *deformation professionelle* wohl, du sagtest es, ein sehr häßlicher Gedanke in ihren beamteten Köpfen: ich hätte Conradin unter Wasser gedrückt, bis er...«
»Das ist doch...!« Timon begann sich zu erregen. »Das reicht

ja schon bald für eine Dienstaufsichtsbeschwerde. Die Herren vergessen mitunter, wen sie vor sich haben.«
Berthold, schon werdender Beamter durch und durch, versuchte, die Sache anders zu sehen. »Sie tun nur ihre Pflicht: das Wissen, daß unsere Kriminalpolizei jeden Todesfall mit Akribie verfolgt und sich seine Ursachen offenzulegen alle Mühe gibt, ist doch sicherlich auch der allerbeste Schutz für uns alle, etwaigen Anschlägen auf unser eigenes Leben zuvorzukommen.«
Roderich und Herr Chatterjee stimmten ihm zu, während Herr Maljumdar vom Übereifer der deutschen Polizei weniger angetan war, und Ruth zu bedenken gab, daß zwar, so Lenins oft zitierter Satz, Vertrauen gut, Kontrolle jedoch besser sei, dies schon, aber nur in einem Untertanenstaate, in dem jeder Bürger nichts weiter sei als ein potentieller Abweichler und Verbrecher, den man wegen permanenter Normenverstöße eigentlich in jeder Sekunde überführen könne, wenn man nur wolle.
Armgard stand auf, schritt hinüber zur deckenhohen Bücherwand, die sich mit Hilfe einer kleinen hölzernen Leiter voll erobern ließ, und fand mit schnellem Griffe in Theodor Fontanes Gesamtwerk jene Stelle, wo er in seinem Gedichte *Fester Befehl* zu diesem Thema Stellung nahm:

> Und das Klügste, das Beste, Bequemste,
> Das auch *freien* Seelen weitaus Genehmste,
> Heißt doch schließlich, ich habs nicht Hehl:
> Festes Gesetz und fester Befehl.

»Da triffst du's freilich!« lachte Ruth, und die Eingeweihten wußten, daß sie diesen Ausruf aus *Quitt* entliehen hatte, Fontanes zwischen Schlesien und den USA pendelnder Kriminalerzählung, wo eine andere Ruth dies sagt, eine gewisse Ruth Kaulbars aus der Mennonitensiedlung Nogat-Ehre. Es war eine ihrer stehenden Redensarten geworden.
Armgard, die entsprechende Passage ward im Handumdrehen gefunden, fiel, merkwürdig vom Übermute getragen, alsbald mit ein: *»Du bist so still Ruth. Hast du mir nichts zu sagen?«* Dann aber stockte sie plötzlich, jäh errötend.
»Nur weiter!« rief Timon und griff ihr, als sie den fraglichen Band mit schneller Drehung an seinen angestammten Platz

zurückstellen wollte, ans Handgelenk. »Gib her und laß mich weiterlesen!«
Armgard suchte ihn nach Kräften zu hindern. »Nein!«
Nach kurzem Ringen, so was hatte in diesem Kreise bis heute als völlig undenkbar gegolten, gelang es Timon dann doch, auch die nächstfolgenden Zeilen zu lesen, die erste dabei noch einmal ins Bewußtsein rufend.

»Du bist so still, Ruth. Hast du mir nichts zu sagen?«
»Nein. Oder doch nur das eine, das du längst weißt, daß ich glücklich bin und dich liebe.«
»Und *bist* du glücklich?«
»Ja.«

Berthold lachte. »Honi soit qui mal y pense! Gemeint ist doch nur der Lehnert beziehungsweise Lionheart Menz aus Wolfshau bei Krummhübel in Schlesien, kein anderer.«
Dieser Einwurf nun, weil er so überflüssig war, ließ unsere Gedanken erst recht in eine Richtung wandern, die bislang wohl niemand so recht im Auge gehabt hatte. Ruth nämlich galt als vortreffliche Schwimmerin, ja hatte es sogar gelernt, mit Hilfe von Sauerstoffflaschen professionell zu tauchen, so daß Conradins plötzliches Verschwinden im grün blühenden Havelgewässer von daher durchaus eine andere Deutung erfahren konnte, nahm man die Beziehung zwischen Ruth und Armgard als so eng-erotisch an, wie es eben angeklungen war.
Timon, höchst erschrocken, suchte abzuwiegeln. »Es ist beängstigend: jeder Deutsche schon ein Kriminalbeamter und immer auf der Jagd«, sagte er, sich mit einer knapp angedeuteten Verbeugung bei Armgard und Ruth entschuldigend.
»Gleichviel«, sagte ich, bemüht, dem Gespräch seine alte Leichtigkeit zurückzugeben, »mir ist die Kripo sehr ans Herz gewachsen, wie ich ja generell jedes deviante und delinquente Verhalten eigentlich hochschätzen müßte, denn ohne dem wären ja Kriminalromane platterdings nicht möglich.«
»Und noch weiter«, auch Berthold wollte weg vom kritischen Punkt, »ganze Berufsgruppen wären ohne permanent begangene Verbrechen und Vergehen ja gänzlich arbeitslos und überflüssig: Polizisten, Staatsanwälte, Richter und Justizvollzugsbeamte – Hunderttausende an der Zahl!«

Armgard dankte ihm dafür, nicht als willkommene Ablenkung vom möglicherweise Wesentlichen, sondern, so sagte sie im alten Plaudertone wieder, für die Darbietung einer einmal anders gewendeten Weltsicht, dankte ihm mit einem erhobenen Glase. »Zum Wohle! Wäre also allen denen herzlich zu danken, die uns auf ihre ganz spezielle Art und Weise die knappen Arbeitsplätze sichern helfen, ja, vielleicht empfiehlt es sich sogar, einen Teil unserer Arbeitslosen so zu schulen, daß sie bestimmte Verbrechen begehen – namentlich solche natürlich, die ohne Vernichtung von Hab und Gut und ohne Verlust von Menschenleben einen größtmöglichen Einsatz von Polizisten et cetera nötig machen; darüber wäre einmal nachzudenken, vielleicht vom Aspen-Institut oder dem Wissenschaftszentrum, damit mir endlich nun einginge, wozu diese denn recht eigentlich von Nutzen sind.«
»Das bedarf doch wohl keiner besonderen Schulung«, ergänzte beziehungsweise widersprach ich, »das geschieht doch alles schon von selbst, und die neue Bundesregierung wird es noch nach Kräften fördern.«
»Das sind eben die berühmten Selbststeuerungsmechanismen einer gesunden Gesellschaft«, fügte Timon hinzu.
Worauf sich Ruth wie auch Herr Gerstenberger vehement gegen den Verlauf wandten, den unser Gespräch mit diesen ebenso wahren wie zynischen und satirischen Beiträgen in den letzten Minuten unmerklich genommen hatte. Ruth wohl aus dem Streben und Hoffen heraus, daß die Welt doch noch reparabel sei, und uns beschuldigend, mit jener heiteren Dekadenz, wie wir sie an den Tag gelegt hätten, nichts anderes zu tun, als den Totengräbern aller Reformen behende Schützenhilfe zu leisten; Gerstenberger hingegen verspürte ein hohes Maß an Unbehagen, weil man seiner Meinung nach mit diesen Dingen einfach nicht spaßte, sie seien viel zu ernst dazu. Er war es dann auch, der unsere Erörterungen wieder zum konkreten Falle zurückführte, indem er mich fragte, ob sich denn Conradins »Untergang«, so wörtlich, nicht irgendwie für meine künftigen Romane ausschlachten ließe...?
Ich überlegte vergleichsweise lange. Sicherlich nicht, wenn Armgards Aussage der Kriminalpolizei gegenüber die volle Wahrheit widerspiegelte. Danach hatte sie beim Schwimmen in der Havel, auf der Heckeshorner Seite, etwa zweihundert Meter vom Ufer entfernt und schon weit in der abendlichen

Dämmerung, mit Conradin gewettet, daß sie bereits abfrottiert und wieder angezogen sei, ehe er den Strand überhaupt erreicht habe, so groß würde ihr Vorsprung werden. Er habe den Wettkampf begrüßt und sogar noch das Startzeichen gegeben, worauf sie dann losgekrault sei, ihn bald um viele Meter hinter sich lassend. Erst als sie schon wieder Boden unter den Füßen hatte, habe sie sich nach ihm umgedreht, und, als er nicht mehr zu erblicken gewesen sei, an einen Scherz von ihm geglaubt, an ein schnelles Wegtauchen, um sie zu irritieren, an eine Finte, sie zu einem Umweg zu verleiten. Erst allmählich, dann aber mit jähem Erschrecken, sei ihr der Gedanke gekommen, daß er, der ihr gegenüber bislang noch nie über ernst zu nehmende gesundheitliche Beschwerden Klage geführt habe, möglicherweise lautlos in der Havel versunken sein könnte. Die Ärzte hatten dann auch, als der Leichnam am nächsten Vormittag im Schilf an der Pfaueninsel geborgen und untersucht werden konnte, einen Herzschlag konstatiert. Alle Rettungsaktionen nach schneller Alarmierung von Polizei und Wasserwacht waren vergeblich gewesen; Armgard selbst war bis zur völligen Erschöpfung immer wieder getaucht, getragen von der Hoffnung, ihn doch noch zu finden.
Das alles hatte sich zugetragen an einer Stelle der Havel, die sie ganz besonders liebte und genauestens kannte, nicht zuletzt deswegen, weil Fontane sie im dritten Bande seiner *Wanderungen durch die Mark Brandenburg,* im Teil *Havelland* nämlich, liebevoll-ausführlich beschrieben hatte, in Zeilen, die sie nahezu auswendig hersagen konnte:

»Pfaueninsel! Wie ein Märchen steigt ein Bild aus meinen Kindertagen vor mir auf: ein Schloß, Palmen und Känguruhs; Papageien kreischen; Pfauen sitzen auf hoher Stange oder schlagen ein Rad; Volièren, Springbrunnen, überschattete Wiesen; Schlängelpfade, die überall hin führen und nirgends; ein rätselvolles Eiland, eine Oase, ein Blumenteppich inmitten der Mark.«

Der Pfaueninsel gegenüber war Conradin gestorben, und war wirklich Absicht im Spiele gewesen, dann hätte Armgard ringsum keinen Platz finden können, der passender gewesen wäre.

»Der Abend kommt, die Nebel steigen, die Kühle mahnt zur Rückfahrt, und unser Boot schiebt sich durch das Rohr hin und in die freie Wasserfläche hinaus. Hinter uns, die verschleierte Mondsichel über den Bäumen, versinkt das Eiland. Mehr eine Feen- als eine Pfaueninsel jetzt!«

In einer solchen Stimmung war Conradin mit ihr hinausgeschwommen, ohne düstere Vorahnungen ganz sicher, und die Aussagen der Bootsfahrer, einige nur knappe hundert Meter entfernt, waren allesamt so geartet, daß sie Armgard nicht im allergeringsten belasteten; doch gut war die Sicht nicht mehr gewesen.

»Und an deinen Ufern und an deinen Seen,
Was, stille Havel, sahst all *du geschehn?!*«

So bei Fontane nachzulesen, und so weit schien Armgard nun gewißlich keine Schuld zu treffen, zumal es ja, dies sei immer wieder unterstrichen, keinerlei Zeugen gab, die gesehen haben wollten, daß sie Conradins Kopf unter Wasser zu drücken versucht hatte; doch was war mit dieser Herausforderung zum Wettschwimmen? Sie hätte doch bedenken müssen, daß Conradin gerade erst am Abend zuvor aus dem fernen Indien zurückgekehrt war und die klimatische Umstellung für einen Mann seines Alters nicht eben einfach sein konnte. Und wie ich von Gerstenberger wußte, der am Vormittag ungeduldig ans Fenster ihres Schlafzimmers geklopft hatte, um unaufschiebbare geschäftliche Dinge zu besprechen, aber als voyeuristischer Störenfried abgewiesen worden war, hatte sie ihn trotz des langen Fluges im Bett nicht zur Ruhe kommen lassen. Folgte dann, vor dem tödlichen Badeausflug, ein Tag voller Termine und Streß, dabei auch ein Arbeitsessen im Kempinski mit viel Alkohol und Speisen, die den Magen noch stundenlang belasteten.
Und sollte ihr Conradin wirklich verschwiegen haben, daß sein Internist beim letzten EKG doch recht besorgt gewesen war? Armgard wollte dies beschwören, und es läßt sich leicht bejahen, denn er war eitel und über alle Maßen bemüht, frisch und dynamisch zu wirken; aber auch mit Nachdruck verneinen, denn schließlich hatte er auch deswegen, vielleicht sogar vor allem, so spät noch geheiratet, um ständig umsorgt und bemuttert zu werden.

Wer erinnert sich nicht an ein weiteres Fontane-Gedicht – *Frühling* –, das Timon in seiner Enttäuschung und schon angetrunken zur Hochzeit aufsagen wollte, von uns nur teilweise dran gehindert:

Nun ist er endlich kommen doch
In grünem Knospenschuh;
»Er kam, er kam ja immer noch« –
Die Bäume nicken sichs zu.

Sie konnten ihn all erwarten kaum,
Nun treiben sie Schuß auf Schuß;
Im Garten der alte Apfelbaum
Er sträubt sich, aber er muß.

Dies alles begleitet von einem Grinsen, das man schon als obszön bezeichnen mußte, aber wiederum auch nicht zu scharf verurteilen durfte, denn schließlich hatte Timon über zehn Jahre hinweg vergeblich um Armgard geworben.

O schüttle ab den schweren Traum
Und die lange Winterruh,
Es wagt es der alte Apfelbaum,
Herze, wags auch *du*.

Conradin, im zweiundfünfzigsten Lebensjahre schon, aber der Sieger, hatte nur gelacht.
Nicht lange, wie wir nun wissen, doch sicherlich war es kein juristisch faßbarer Tatbestand, den es da möglicherweise festzustellen galt, kein Mord und kein Totschlag, wie sie ihn im Strafgesetzbuch beschrieben hatten, doch Armgard wäre als Alleinerbin seines Vermögens viel weniger angreifbar gewesen, wenn Conradin etwa bei einem Flugzeugabsturz in Bombay ums Leben gekommen wäre.
Gab sich Armgard an diesem Abend noch weithin unerschüttert, so sollte sich das alsbald entscheidend ändern. Nachdem wir sie über ein Jahrzehnt hinweg als allzeit beherrscht und souverän erlebt hatten, immer über den Dingen stehend, fast erhaben, waren wir nun doch außerordentlich verwundert über das hohe Maß an Leiden, das sie nach Conradins Tod erkennen ließ; so etwas hätten wir wohl von einer Mutter

beim Verlust ihres einzigen Kindes erwartet, nicht aber von einer Frau, die nichts weiter zu ertragen hatte als das unbequeme Abbuchen eines männlichen Gebrauchsgegenstandes und dafür das gelobte Land ganz für sich allein gewann.
Wie auch immer, Armgards Trauerreaktionen erschienen uns allen übertrieben, einfach unangemessen, wenn man den Entwurf ihres Lebensplans genauer kannte. Nicht nur, daß sie ständig seufzte und immer wieder zu weinen begann, sie sprach von nichts anderem mehr als von ihrem Conradin – kein Wort mehr von alldem, was sonst ihr Thema war: Kunst und Literatur, Tanz und Theater, Musik und Ballett; mit einer Ausnahme allerdings, Theodor Fontanes *Causerien über Theater,* die, neben der *Mathilde Möhring* den Band 14 der Nymphenburger Taschenbuch-Gesamtausgabe füllten. Nach einer kurzen Bemerkung Armgards, daß ihr »Lebenslenker«, wie sie mitunter selbstironisch meinte, auch als Theaterkritiker unübertroffen sei, fand ich dann per Zufall in einer ihrer Bücherlandschaften das besagte Werk mit einer von wilden Unterstreichungen markierten Passage, wo Fontane auf die Berliner Aufführung von Henrik Ibsens *Gespenster* eingeht, und die ich, ihrer eminenten Wichtigkeit willen, in ihren bedeutungsvollsten Teilen hier wiedergeben möchte:

»Was will Ibsen? Es sind zwei Sätze, die, wenn ich sein Stück recht verstanden habe, von ihm wie Thesen an seine neue Wittenberger Schloßkirche geschlagen werden. *Erste These:* Wer sich verheiraten will, heirate nach Neigung, aber nicht nach Geld. *Zweite These:* Wer sich dennoch nach Geld verheiratet hat und seines Irrtums gewahr wird..., beeile sich, seinen Fauxpas wiedergutzumachen, und wende sich, sobald ihm die Gelegenheit dazu wird, von dem Gegenstande seiner Mißverbindung ab und dem Gegenstande seiner Liebe zu. Bleiben diese Thesen unerfüllt, so haben wir eine hingeschleppte, jedem Glück und jeder Sittlichkeit hohnsprechende Ehe, darin im Laufe der Jahre nichts zu finden ist als Lüge, Degout und Kretinschaft der Kinder...
So die Thesen, die das Ibsensche Drama, dessen Kunst und Technik ich rückhaltlos bewundere, zur Anschauung bringt.
Sind diese Thesen richtig?
Ich halte sie für falsch.

Solange die Welt steht oder solange wir Aufzeichnungen haben über das Gebaren der Menschen in ihr, ist immer nach den ›Verhältnissen‹ und nur ausnahmsweise nach Liebe geheiratet worden. (...)
...alles ist Pakt und Übereinkommen. ›Die Liebe findet sich‹, und wenn sie sich nicht findet, so schadet es nicht. (...) Beaconsfield, befragt, weshalb er nach Geld geheiratet habe, gab zur Antwort: ›Um Ruh und Friedens, also um Glückes willen‹, denn alle ›aus Liebe‹ geschlossenen Ehen habe er mit Tätlichkeiten oder Untreue enden sehen.«

In Armgard also arbeitete es, tobten, so schläfrig-gelassen sie nach außen auch weiterhin wirkte, die heftigsten Stürme, und stundenlang konnte sie nun in ihrem Parke sitzen, auch nachts, wenn ihr, trotz niederdrückender Müdigkeit, der Schlaf wieder einmal versagt geblieben war, und hinausstarren auf den See, Anfälle von Gram erleidend. Ohne Appetit, unfähig zur Verrichtung gewohnter Arbeiten, mal von Obstipation, mal von sie würdelos machender Diarrhoe geplagt, von Atembeschwerden, Herzängsten und Kopfschmerzen heimgesucht, eben noch frierend und dann in der nächsten Sekunde schon wieder heftig schwitzend, litt sie von Tag zu Tag mehr und verfiel zusehends.
So ging das über beinahe fünf Wochen hinweg, und wir waren uns einig darin, daß sie an Conradins Tod doch mehr Schuld zu tragen schien, als es die staatlichen Instanzen in ihren Archiven festgehalten hatten.
Doch hinter den wahren Grund ihrer Zerrüttung kamen wir erst, als bei einer unserer Zusammenkünfte Mitte August Herr Gerstenberger beim Anzünden einer Kerze das Malheur hatte, diese umzustoßen und eine zufällig danebenliegende Zeitung kurz in Brand zu setzen. Kein Grund zur Panik, denn die Flammen waren schon im Handumdrehen wieder erstickt, und dennoch lief Armgard mit einem entsetzt-hysterischen Aufschrei in den Garten hinaus und warf sich, als würde sie selber lichterloh brennen, in den rotierenden Sprühstrahl eines ihrer Rasensprenger.
Im Gespräch danach, als sie sich wieder gefangen hatte und bereit war, sich zu öffnen, erfuhren wir dann den wahren Grund ihrer plötzlichen Aufwallung wie ihres Leidens überhaupt.

»Dies«, sagte sie, aus einem Schubfach einen Packen Conradinscher Briefe herausziehend und ihm ein einzelnes Schriftstück entnehmend, »habe ich unter Conradins Sachen gefunden – ein Brief ist es an Herrn Chatterjee, den er aber nicht mehr abschicken konnte. Bitte, lies ihn einmal vor...«
Diese Aufforderung war an mich ergangen, und ich sah keinen Grund, ihr nicht Folge zu leisten, zumal es sich um Maschinenschrift handelte.

Berlin, den 24. Juni 1982

Lieber Raman,
leider habe ich Sie vor meinem Rückflug nach Deutschland im *Nataraj* in Bombay nicht mehr angetroffen; Sie waren schon nach Ajanta zurückgefahren.
Ich hoffe sehr, daß die Arbeiter nun wieder ruhig geworden sind. Ich habe in Bombay bald einen Tag lang mit Sikander Srirangam verhandelt und bin dann schließlich nach Bezahlung einer ziemlich hohen »initiation fee«, wie sie das nennen, Mitglied seiner Anathapindika-Sekte geworden. Einerseits war ich dazu gezwungen, weil Srirangam und die Anathapindika-Leute unsere Arbeiter ja immer mehr kontrollieren und wir ohne ihr Wohlwollen unseren Betrieb gleich schließen könnten, zum anderen aber schätze ich einige ihrer alten Sitten und Bräuche sehr, zum Beispiel Sati, die Witwenverbrennung, die sie bei den hinterbliebenen Frauen ihrer Anhänger wieder einführen und durchsetzen wollen, sogar mit einer Art »Zwangsvollstreckung« im Weigerungsfalle seitens der Damen, denn für mich ist der Gedanke unerträglich, daß die Frau, die ich von ganzem Herzen liebe, einmal einem anderen angehören könnte und mich im nachhinein mit ihm betrügt – und daß sich diese beiden Ehebrecher dann mit meinem schwer verdienten Gelde ein schönes Leben machen, während mich die Würmer fressen. Sie kennen ja meine Devise: Wenn schon, denn schon!
Das wäre das Wichtigste in aller Kürze. Das andere, was das rein Geschäftliche angeht, dann alsbald wie üblich per Telex.

Mit herzlichen Grüßen aus Berlin
Ihr
Konrad Diehm

»Das wär's«, sagte ich, den Brief wieder zusammenfaltend, in die bedrückende Stille hinein.
Ruth war die erste, die zu einem Kommentar ansetzte, sehr spontan. »Witwenverbrennung, so'n Quatsch, das gibt's doch gar nicht mehr!« Es war ein Ausruf und eine Frage zugleich, da sie dabei Armgards indische Gäste ansah.
»Doch«, antwortete Herr Maljumdar ohne zu zögern, »zwar ist die Witwenverbrennung von den Briten bereits 1829 verboten worden, aber wir müssen immer wieder registrieren, daß dieser alte Brauch entgegen allen einschlägigen Verboten auch im modernen Indien gelegentlich eine Wiederbelebung erfährt, propagiert und auch durchgesetzt von ultrakonservativen Gruppen, die hinterbliebene Frauen zwingen, sich lebend auf den Scheiterhaufen ihres verstorbenen Mannes zu werfen.«
Armgard schien bei diesen Worten in einen tranceähnlichen Zustand zu verfallen, begann, wächsern im Gesicht, zunehmend einer Statue zu gleichen.
Herr Chatterjee beeilte sich, die Worte seines Landsmannes zu ergänzen. »Was den Satibrauch beziehungsweise den freiwilligen Opfertod der Witwen betrifft, so findet sich in der vedischen Literatur kein Hinweis darauf; auch die Grhya Sūtras, die die wichtigsten Zeremonien des häuslichen Lebens beschreiben, berichten nichts darüber, und dennoch haben ihn einige Epochen unserer Geschichte hindurch die Angehörigen der fürstlichen Schicht eifrig praktiziert – und natürlich Nachahmer in der übrigen Bevölkerung gefunden, wie auch anders.«
»That's correct«, bestätigte Herr Maljumdar, »so erwähnt das Mahābhārata einige Fälle von Sati: Mādrī zum Beispiel opferte sich auf dem Scheiterhaufen ihres Gatten Pāṇḍu und die Frauen Vasudevas verbrannten sich zugleich mit der Leiche ihres Herren. Auch Viṣṇusmrti empfiehlt die Witwenverbrennung; andererseits verwerfen sie so einflußreiche Männer wie Bāna, in seinem Kādambari, oder Madhātithi, ein Kommentator Manus...«
»Scheint mir eine sehr ausgeprägte Form von Unterdrückung zu sein«, sagte Timon, »unfreier und rechtloser kann ja eine Frau kaum sein: ein bloßes Anhängsel des Mannes, bis über den Tod hinaus...«
»So fremd, wie sich dies im ersten Augenblick darstellen mag,

ist der Sati-Gedanke unserer eigenen Kultur nun auch wieder nicht«, sagte Berthold, »man denke nur an die Hexenverbrennungen des Mittelalters, von der ja auch bevorzugt die attraktivsten und von der Erotik her gefährlichsten unter den Frauen betroffen waren...« Dies wollte er als Kompliment Armgard gegenüber verstanden wissen, wie auch als Versuch, das Ganze ins Scherzhafte hinüberzuziehen, doch mit wenig Erfolg.
»Weniger die hübschesten Frauen«, wandte Ruth ein, »sondern eher diejenigen, die das Patriarchat bedroht haben!«
»Dies sicher auch«, sagte Timon, Armgard dabei anblickend, »aber wenn ihr es einmal weniger verbissen sehen wollt, worum ich euch herzlich bitten möchte, dann ist doch der Gedanke schon überaus faszinierend, der in dem Worte steckt *Bis daß der Tod euch scheidet*. Das Glück, nicht mehr allein und verloren zu sein, und der Trost, überallhin begleitet zu werden, auch auf dem letzten Gang, den wir alle gehen müssen... Ist es nicht ganz einfach schön, wie Hero, die Priesterin der Aphrodite in Sestos, sich ins Meer stürzt, als ihr Leander darin ertrinkt! Wie anders kann man sich höchste Liebe vollendeter vorstellen? Und ob nun Wasser oder Feuer, es bleiben die Urelemente...«
Berthold bat uns, einmal zurückzudenken an Conradins Stimmung zu Zeiten seiner Flitterwochen, und zitierte dann den Ibykos, jenen Dichter, den wir bis dahin nur als Protagonisten bei Schiller in den *Kranichen* kennengelernt hatten:

»Doch nie will die Liebesqual, sommers nicht,
Winters nicht, schlafen in meinem Herzen.
Flammend von Blitzen, dem Nordsturm gleich,
Bricht sie herein, von der Göttin selbst,
Von Aphrodite gesandt, ohne Züchtigkeit,
Dörrend, verfinstert, voll Wahnsinn.«

»Voll Wahnsinn«, wiederholte Berthold, »das könnte auch begreiflich machen, warum Conradin der Anathapiṇḍika-Sekte der von ihr praktizierten Witwenverbrennung wegen beigetreten ist. I'm married in a feaver...«
»Ja, das Fieber«, sagte ich, »die Liebe, das Feuer, die Blitze, die Flammen – unser Conradin war wohl alles andere als der eiskalt-alerte Geschäftsmann, als der er sich ausgab, da mag

sich der eine oder andere in unserem Kreise hier – ich merke keinen Widerspruch! – doch wohl ganz entscheidend getäuscht haben. Ich weiß, daß er Goethe mochte, sehr sogar, und in einem seiner hinterlassenen Bücher fand ich – es muß ja nicht immer Fontane sein – folgendes Gedicht, *Selige Sehnsucht,* dick angestrichen:

Sagt es niemand, nur den Weisen,
Weil die Menge gleich verhöhnet:
Das Lebendige will ich preisen,
Das nach Flammentod sich sehnet.
Keine Ferne macht dich schwierig,
Kommst geflogen und gebannt,
Und zuletzt, des Lichts begierig,
Bist du Schmetterling verbrannt.

Soweit Goethe, und es scheint mir eindeutig genug, uns zu zeigen, daß Conradin durchaus in gewisser Affinität zum Sati-Gedanken gestanden haben dürfte.«

Somit war das Thema, wie es Brauch war in Armgards Salon, hin zu kosmopolitischer Fülle ausgeweitet worden und zu poetischer Höhe und Überhöhung geführt, und Herr Chatterjee konnte zum Ausgangspunkte zurückkehren. »Nach alter hinduistischer Sitte durfte die Witwe nicht wieder heiraten, sondern mußte den Rest ihres Lebens mit geschorenem Haar trauernd und unter Bußübungen im Hause verbringen«, sagte er, »die Witwenverbrennung selbst darf nur als Extremfall angesehen werden.«

»Und gerade Conradin sollte zu einem solchen Extrem geneigt haben?« gab Ruth zu bedenken.

»Doch – hören Sie mal...!« Herr Gerstenberger, wie viele der Emporkömmlinge unter den leitenden Angestellten manchmal doch wieder in eine etwas ungehobelte Art zurückfallend und dann recht unsensibel gegenüber empfindsameren Menschen, eilte zum Plattenspieler, um Conradins Lieblingsschlager seiner letzten Lebenswoche aufzulegen, das Lied *Felicita,* zu dem anzumerken ist, daß dieses Wort am ehesten wohl mit Glückseligkeit zu übersetzen ist. Und so hörten wir dann, in der deutschen Fassung, alsbald die Strophe »... mit dir zu verbrennen, heißt felicita...«

Während Berthold seiner Meinung Ausdruck gab, daß Conra-

din sehr wohl durch dieses *Felicita* auf seine im Briefe an Herrn Chatterjee geäußerten Gedanken gekommen sein könne, verließ Armgard lautlos den Raum, um sich in ihrem Schlafzimmer einzuschließen.
Wir unterließen es, ihr zu folgen, sie sollte erst einmal aus eigener Kraft ihre Contenance zurückgewinnen, und diskutierten statt dessen über die von Conradin erwähnte Sekte, deren Namen auszusprechen uns allen, die beiden Inder selbstverständlich ausgenommen, erhebliche Mühe bereitete.
Zwar wollte Herr Maljumdar nicht gewußt haben, daß die streikähnlichen Störungen des geregelten Betriebsablaufs in Atanja auf eine solche Sekte zurückzuführen waren, erläuterte uns dann aber doch, wo ihr Ursprung zu vermuten war.
»Anathapiṇḍika war der Name eines reichen Kaufmannes, der dem Buddha das Jetavana-Kloster in Śrāvastī gestiftet hat, den Boden des Geländes dabei mit Goldstücken bedekkend. Es ist nicht auszuschließen, so meine ich, daß sich nun einige indische Kaufleute ultrakonservativen Denkens und mafiösen Zuschnitts unter diesem Namen zusammengeschlossen haben, um wohlhabenden ausländischen Geschäftsmännern Schutzgebühren abzupressen.«
Herr Chatterjee ließ uns noch einige Aufklärung über die Ruinenstätte Saheth-Maheth zuteil werden, die siebzehn Kilometer von Balarāmpur am Rapti-Fluß gelegen war, bezeichnenderweise also in einem Gebiete des Bundesstaates Uttarpradesh, in dem Conradin seine zweite indische Fertigungsstätte zu errichten geplant hatte. »Saheth-Maheth ist 1863 von Cunningham gefunden worden, und zwischen 1907 und 1911 hat man es ausgegraben, als einen der Mittelpunkte von Buddhas Erdenwandel. Im heutigen Maheth, dies sei hinzugefügt, liegt Śrāvastī, wo Buddha einige seiner berühmtesten Wunder vollbracht hat. Eines der Wunder war die Bekehrung des Räubers Angulimāla, als das Große Wunder von Śrāvastī aber gilt ein anderes: Während der Meditation schlugen aus Buddhas Schultern Flammen...«
»Flammen, immer wieder Flammen!« stöhnte Timon. »Ich bitte um Themenwechsel, aber um sofortigen!«
Auf meine für den Gesamtzusammenhang ja nicht ganz uninteressante Frage, ob denn das *Kamasutram,* das Conradin, wie jeder sehen konnte, in vielerlei Ausgaben richtiggehend

gesammelt hatte, die Witwenverbrennung irgendwie abhandele, reagierte Herr Maljumdar nur mit einer knappen Verneinung, um dann nach kurzem Nachdenken noch hinzuzufügen: »Doch, an einer Stelle ist von Flammen die Rede, die Geschichte heißt auch *Ein Feuer zuviel,* wo eine liebestolle Kaufmannsfrau eine Freundin dazu anstiftet, das Haus ihres Mannes in Brand zu stecken, um dessen Wächter dadurch abzulenken und sich in einem Tempel zu einem Stelldichein mit ihrem Geliebten treffen zu können; aber das ist ja ganz etwas anderes als bei uns hier...«

Nachdem wir uns also solchermaßen über Indien und den Brauch der Witwenverbrennung kundig gemacht hatten, suchten wir Armgard, die inzwischen wieder, die eingenommenen Beruhigungsmittel waren von schneller Wirkung gewesen, in unserer Mitte Platz genommen hatte, mit einer Fülle rationaler Argumente zu trösten.

»Wir sind doch hier in Deutschland und nicht in Indien«, betonte Timon, »und wir schreiben das Jahr eintausendneunhundertzweiundachtzig, und wenn Conradin da wirklich ein wenig schwarzen Humor entwickelt hat, so heißt das doch noch lange nicht, daß er auch einen Killer bezahlt hat, dich in Brand zu stecken...«

Allen fiel es schwer, bei diesen Worten nicht die beiden Inder anzusehen, Herrn Maljumdar, Herrn Chatterjee, die schweigend ihren Tee umrührten und dann, die Sache eher noch peinlicher machend, wie aus einem Munde beteuerten, von besagter Anathapiṇḍika-Sekte noch nie zuvor etwas vernommen zu haben, geschweige denn, ihre Mitglieder oder gar Testamentsvollstrecker zu sein.

Armgard sah auf den See hinaus. »Man kann, so heißt es, alles erreichen im Leben, man muß nur bezahlen dafür... Quod erat demonstrandum!«

Interpretieren wir ihre Worte richtig, so war sie offensichtlich überzeugt davon, daß Conradin sehr wohl bemerkt hatte, wie er nichts weiter geworden war als bloßes Mittel zum Zweck, ein Vehikel, und wie er ihr, mit seinem Eintritt in die nicht anders als archaisch zu bezeichnende Sekte und seinem diesbezüglichen Briefe, das Leben als lustige Witwe gehörig hatte vergällen wollen, vielleicht sogar mit der Absicht, sie derart im Innersten ihrer Seele zu schrecken, daß sich ihr Sarg alsbald dem seinen hinzugesellen mußte.

Nun, diese Rache eines alternden Mannes, der sich zum Werkzeug erniedrigt gefühlt hatte, nicht seinetwegen begehrt, sondern des hohen Lebensstandards, des *Salons* eben, den er ihr garantierte, sie war uns allen nur allzu verständlich, zumal wir Conradin seiner konziliant-kosmopolitischen Manier wegen außerordentlich gemocht hatten, und dennoch empfanden wir es als unsere selbstverständliche Pflicht, Armgard in ihrer Not und aus ihrer Not zu helfen, *ihretwegen*, und weil wir ihr alle vielerlei Dankbarkeiten schuldeten, sicherlich aber auch aus dem selbstbezogenen Gedanken heraus, mit ihr denn auch den Mittelpunkt unseres Lebens zu verlieren; die, die uns nährte mit Zuwendungen aller Art, das Objekt einer Anbetung, wie wir sie als das nötige Opium unseres Lebens eben brauchten.
Was Roderich, Timon und Berthold betraf, so ließ sich darüber hinaus noch ein weiteres Motiv unschwer erkennen: ihre über Jahre hinweg ebenso gepflegte wie mehr oder minder beiseite gedrängte Hoffnung, Armgard doch noch für sich gewinnen zu können, als Kleinod und Trophäe gleichermaßen, als letzte und einzige Möglichkeit, auch dort Erfüllung zu finden, wo sie sich bislang, in Treue und den Gesetzen der Minne folgend, mönchische Askese auferlegt hatten, Sublimierung. Nun, da Armgard ja durch Conradins hinterlassene Ressourcen eine reiche Frau geworden war und bei der Auswahl ihres Mannes – oder: ihrer Männer – auch nach ganz anderen Gesichtspunkten verfahren konnte, sahen sie ihre Chancen erheblich steigen, und ihre Gesichter verformten sich zu Masken, denn einerseits waren sie frohen Mutes und mußten versuchen, Armgard von ihren tiefen Depressionen abzulenken, indem sie sich leicht und heiter gaben, doch andererseits war dieses Warten und Lauern, das nun einsetzte, auch denkbar überaus anstrengend und nervte sie sehr.
Mögen also die Beweggründe jedes einzelnen von uns auch unterschiedlichster Art und allesamt sehr diffizil gewesen sein, es bleibt festzuhalten, daß wir mit hohem Zeitaufwand bis weit ins neue Jahr hinein Armgard zu therapieren versuchten, um ihrer *Pyrophobie*, wie Ruth ihre Krankheit fachkompetent bezeichnet hatte, langsam beizukommen, was sich aber als außerordentlich schwierig erweisen sollte, da Armgards Bindung an Conradin, allen vorherigen Annahmen zu-

wider, zumindest unterschwellig und unbewußt, doch eine sehr enge gewesen sein mußte, vielleicht auch erst nach seinem Tode von ihr als eine solche interpretiert und aufgewertet worden war. Vieles sprach ja dafür, daß sie in ihm auch und gerade den Vater gesehen hatte, den Vater, den sie zeit ihrer Kindheit und Jugend so schmerzlich hatte entbehren müssen.

Gleichviel, als Folge der nun erlebten und erlittenen Situation des Alleinseins, gegen das auch ihr Salon nicht wahrhaft half, litt sie nun auch unter herzphobischen Entwicklungen, das heißt, unter permanenter Herzstillstandsangst. Gekoppelt mit ihrer Angst vor Feuer jeder Art, brachte das überaus qualvolle Tage und Nächte für sie.

Es sah schlimm aus mit Armgard. Brennende Kerzen, aufflammende Streichhölzer oder Feuerzeuge, herauszischende Gasflammen, die züngelnden Grillkohlen auf der Terrasse draußen oder die lodernden Buchenscheite im Kamin drinnen – alles war dazu angetan, Schweißausbrüche bei ihr auszulösen, ein Zittern der Glieder, stoßweises Atmen und wahnsinniges Herzjagen.

»Als die junge Frau in den Trümmern ihres Hauses gefunden wurde, war ihre Bauchwand so stark verbrannt, daß der Inhalt schon heraustrat. Die anderen Teile der Leiche waren geschrumpft und verkohlt, bis auf einige Stellen ihres Rückens, die nur wenig mit den Flammen in Berührung gekommen waren und so aufgeplatzt wirkten, als wären dem Opfer vorher noch Messerstiche beigebracht worden. In den zutage getretenen, teilweise pfenniggroßen Brandblasen wurden neben einer eiweißreichen Flüssigkeit auch Ansammlungen von weißen Blutkörperchen entdeckt, so daß die Kriminalpolizei bis jetzt davon ausgeht, daß die Brandeinwirkungen noch zu Lebzeiten des Opfers stattgefunden haben, was auch durch das Auffinden von Rußpartikeln in den Lungenbläschen bewiesen wird.«

Wenn Armgard solche und ähnliche Berichte in den Zeitungen und Illustrierten las, war ein jedesmal der Notarzt herbeizurufen, um sie mit den entsprechenden Medikamenten im notwendigen Maße wieder ruhigzustellen.

»Sie gibt sich«, sagte Ruth, »die Schuld an Conradins Tod;

sein Tod ist die Aufdeckung ihrer inneren psychosomatischen Situation und ihrer latent vorhandenen Tötungsphantasien ihm gegenüber – sie hat ja wohl seinen Tod zumindest gewollt, gewollt, um das Leben führen zu können, das sie sich immer erträumt hat: absolut frei, nur sich selbst gehörend.«

Armgard, darin bemitleidenswerter von Tag zu Tag, fühlte sich derart verfolgt von jeglichem Feuer, daß sie es mitunter nicht einmal mehr ertragen konnte, den Sonnenstrahlen ausgesetzt zu sein, den Boten des mächtigsten Feuers in unserer Nähe, und ihre Ausgänge auf wolkenreiche und verregnete Tage verlegte. Sogar der Gedanke, daß unter der vergleichsweise dünnen Kruste eine unvorstellbare Glut das ganze Erdinnere füllte, konnte sie entsetzlich erschrecken, und in ihren Alpträumen sah sie sich immer wieder durch einen endlos langen Schacht dort hinunterstürzen. Mit uns darüber zu sprechen entlastete sie gewiß für Stunden, doch kaum wieder allein, kamen die Ungeheuer zurück, sie zu verschlingen. Sie begann, mit unsichtbaren Fäden an ihr völlig unbekannten Menschen zu hängen, und erlebte deren Schicksal, wenn sie bei Unfällen in Automobilen, Eisenbahnwaggons, Schiffen oder Flugzeugen verbrannten, in einer depressiv-symbiotischen Participation mystique derart heftig mit, daß ihr der Arzt dann wieder Diazepam enthaltende Mittel injizieren mußte, um ihren völligen Zusammenbruch zu verhindern, das heißt, psychische Zustände, die den sofortigen Aufenthalt in einer psychiatrischen Klinik notwendig gemacht hätten. Um ihren Schreckensbildern und ihrer Selbstfolterung zu entgehen, begann Armgard dann, übermäßig zu trinken, was wiederum neue Ängste erzeugte, so daß ihre Lage sich, derart rückgekoppelt, permanent verschlechterte.

In ihrer vielräumigen Villa gab es ja eine ganze Reihe potentieller Brandherde – Gasrohre zogen sich überall entlang, alte elektrische Leitungen waren da mit dauernder Kurzschlußgefahr, und vielerlei Geräte aller Art, die jederzeit defekt werden konnten, implodierende Fernseher etwa –, und wenn sie es gar nicht mehr ertragen konnte, dann flüchtete sie sich in ihr kleines Ruderboot, so kalt es im beginnenden Frühling auch war, und fuhr auf den See hinaus, darauf vertrauend, daß Wasser die elementarste Gegenkraft des Feuers

war. Kaum noch verließ sie ihr Grundstück, schon gar nicht im Auto, höchstens zu Fuß oder auf dem Fahrrade. Und ihres erträumten Lieblingsvergnügens, dem Ausritt zu Pferde, wie ihn viele ihrer Fontaneschen Vorbildsfiguren so über alles geschätzt oder doch wenigstens tagtäglich praktiziert hatten, man denke nur an Rex und Czako im *Stechlin* oder den flachbrüstigen Leopold in *Frau Jenny Treibel*, dieses Vergnügens nun mußte sie trotz der so nahen Reitwege vollends entraten, denn an jeder Weggabelung warnten ja flammentragende Schilder vor der furchtbaren Waldbrandgefahr, insbesondere in denjenigen Jagden des Grunewalds, in denen die Kieferbestände vorherrschten.
Sie wurde auch zunehmend menschenscheuer, denn jeder Besucher konnte ja einer sein, den Conradin vorab gedungen hatte und bezahlt, Feuer in ihr Haus zu tragen; je biedermännischer die Maske, desto wahrscheinlicher die Brandstifterfunktion, so fürchtete sie. Insbesondere die beiden indischen Geschäftsfreunde ihres Mannes, die uns ja wohlbekannten Herren Chatterjee und Maljumdar, durften sich bei ihr kein Stelldichein mehr geben, witterte sie in ihnen doch die berufensten Testamentsvollstrecker ihres indophilen Mannes; beide ganz sicher, obwohl, oder gerade weil sie dies so überaus dezidiert abgestritten hatten, heimliche Unterführer der Anathapiṇḍika-Sekte.
Andererseits war ihr Alleinsein, insbesondere des Nachts, voller unsagbarer Schrecken, denn vor allem, wenn sie schlief, war sie ja den zu erwartenden Brandstiftern hilflos ausgeliefert.
So entschieden wir auch, daß Ruth immer dann, wenn Armgards Zustand sich dramatisch verschlimmert hatte, als Brandwache bei ihr bleiben sollte. Als Cousine wie als Psychologin fiel ihr diese Aufgabe auch fast von selber zu, zumal sie ja als Frau, so schien es uns, nicht das bei Armgard induzieren konnte, was sich nun auch noch als eine Art Vergewaltigungsangst bei ihr herauszustellen begann, vielleicht eher aber eine Art Orgasmusangst, das heißt konkret, ihre Befürchtung, beim Liebesakt die Kraft ihres Herzens zu überfordern. Dies ließ es auch unmöglich werden, Bertholds gar nicht mal nur unernstem Vorschlage zu folgen, einer von uns männlichen Salonbesuchern – Timon, Roderich oder er – solle sie doch auf der Stelle heiraten und mit ihr die Ehe vollziehen,

denn damit wäre sie ja logischerweise keine Witwe mehr und solchermaßen auch nicht verbrennungsbedroht.
Als einmal nebenan in ihrer Villenkolonie ein Landhaus bis auf die Grundmauern niederbrannte und Armgard dies natürlich als eine Art *letzter Warnung* ansah, verschlimmerte sich ihr Zustand derart, daß wir sie in ein Krankenhaus einliefern mußten, und zwar gar nicht mal der üblichen Symptome wegen, ihrer Herz- und Kreislaufattacken, sondern weil sie davon zu reden begann, mit dem Flammenfreitod, dem *jauhar,* wie ihn früher die stolzen Rajputenfrauen praktiziert hatten, um der Gefangennahme durch Feinde zu entgehen, mit einem *jauhar* also, den von Conradin ausgesandten Jägern, ein Schnippchen zu schlagen.
Das zweite Mal kam sie in eine Klinik, als sie nach der eher zufälligen Wiederholungslektüre eines ihrer weniger geliebten und beachteten Fontane-Romane zusammengebrochen war, nach dem Blättern in der altmärkischen Chronik der *Grete Minde;* als Grete gerade auf den Turm der Kirche Sankt Stephan gelaufen war:

»Und nun trat sie rasch an die Schallöcher, die nach der Stadtseite hin lagen, und stieß die hölzernen Läden auf, die sofort vom Winde gefaßt und an die Wand gepreßt wurden. Ein Feuermeer unten die ganze Stadt; Vernichtung an allen Ecken und Enden, und dazwischen ein Rennen und Schreien, und dann wieder die Stille des Todes. Und jetzt fielen einige der vom Winde heraufgewirbelten Feuerflocken auf das Schindeldach ihr zu Häupten nieder, und sie sah, wie sich vom Platz aus alle Blicke nach der Höhe des Turms und nach ihr selber richteten. Unter denen aber, die hinaufwiesen, war auch Gerdt. *Den* hatte sie mit ihrer ganzen Seele gesucht, und jetzt packte sie seinen Knaben und hob ihn auf das Lukengebälk, daß er frei dastand und im Widerscheine des Feuers von unten her in aller Deutlichkeit gesehen werden konnte. Und Gerdt sah ihn wirklich und brach in die Knie und schrie um Hilfe, und alles um ihn her vergaß der eigenen Not und drängte dem Portal der Kirche zu. Aber ehe die vordersten es erreichten oder gar die Stufen der Wendeltreppe gewinnen konnten, stürzte die Schindeldecke prasselnd zusammen, und das Gebälk zerbrach, an dem die Glocken hingen, und alles ging niederwärts in die Tiefe.«

Diese Geschehnisse alle waren auch für Ruth eine derart starke Belastung, daß sie für zwei Wochen mit einer Nervenlähmung, die rechte Gesichtshälfte war fratzenhaft verzerrt bei ihr und völlig unbeweglich, ihre Nachtwache aufgeben mußte. Zwei Nervenärzte, Kapazitäten, wie man uns sagte, wurden für Armgard verpflichtet, aber ihre Bemühungen versprachen höchstens längerfristige Erfolge. Da Armgard außer Ruth niemand anders über mehrere Stunden hinweg und insbesondere die Nacht hindurch in ihrem Hause duldete, und auch ihren inzwischen vielfach angeschafften Tieren – Hunde, Katzen, Sittiche – nicht vollkommen vertraute, was deren Warninstinkte anging, ließ sie sich von allen möglichen Firmen eine Reihe von Brandmeldern installieren, ohne aber ganz sicher zu sein, daß diese modernste Technik im Notfalle auch wirklich funktionierte.
Zwei Tage vor Pfingsten, es ist in den Nächten noch ziemlich kühl, bekommt Armgard nun ihren neuesten Brandmelder, jetzt auch für den Heizungskeller, weil dort in Form von Öl, diversen Farben, Lösungsmitteln und dergleichen die Gefahren kumuliert eingelagert sind. Mißtrauisch gegenüber den Monteuren, auch sie könnten ja gekauft worden sein, sie gerade, will sie eine Probe machen und entzündet, sich gleichermaßen überwindend wie in qualvollem Genusse von der aufschießenden Flamme gebannt, das zu ertragen hatte sie in den beginnenden Therapiewochen bereits wieder gelernt, ein Streichholz und steigt auf einen alten Hocker, es direkt an das Gerät zu halten, das man ihr vor Stunden in die Decke eingelassen hatte. Vom plötzlichen Aufheulen des Alarmtons furchtbar erschreckt, verliert sie den Halt, stürzt von ihrem Schemel herunter und schlägt lang hin auf den steinernen Boden, dabei mit der Stirn auf den kantigen Ölbrenner prallend, und kann, für Augenblicke das Bewußtsein verlierend, nicht mehr verhindern, daß das nur langsam verglimmende Streichholz in einen offenen Behälter fällt, in dem sich Terpentinersatz befindet. Mit einer kleinen Explosion sprüht Feuerregen durch den Raum, setzt anderes in Brand, was leicht entzündlich ist, so auch ihr Kleid. Alle Melder heulen auf, doch so nah die nächste Feuerwache auch ist, eh die ersten Löschzüge herangerast sind und ihre Arbeit beginnen, sind Keller wie Parterre der Conradinschen Villa schon ein Raub der Flammen geworden. Bei den Aufräu-

mungsarbeiten wird dann auch Armgards Leichnam entdeckt.
Genauso ist es im Bericht des Brandmeisters wie auch in den meisten Tageszeitungen noch einmal nachzulesen, und an der Richtigkeit dieser Darstellung kann es meines Erachtens nicht den geringsten Zweifel geben. Alle Türen waren fest verriegelt und verschlossen, von einem möglichen Eindringling keine einzige Spur, und alle Personen, die an Armgards Tod irgendein Interesse gehabt haben konnten beziehungsweise als Conradins posthume Erfüllungsgehilfen auch nur in Frage gekommen wären, befanden sich zum fraglichen Zeitpunkt viele Kilometer vom Brandherd entfernt, wie Kriminaloberkommissar Mannhardt in seinen Protokollen nachdrücklich und unbezweifelbar betont.
Unser Zentralgestirn war also erloschen, doch wir Planeten kreisten weiter auf gewohnter Bahn, mit einer Ausnahme allerdings: Ruth nämlich; die hatte in den Wochen nach Armgards Feuertod anderes zu tun, als beim Tee zu sitzen und zu plaudern. Die vorgeschriebene Erbauseinandersetzung war schnell erledigt, ihr allein fiel alles zu, und sie machte sich mit aller Kraft ans Werk, die Conradinsche Villa zu dem werden zu lassen, was ihr schon so lange vorgeschwebt hatte, zu einer modern eingerichteten psychiatrischen Klinik, in der sich die von ihr erdachten Behandlungsmethoden in der Praxis erproben und fortentwickeln ließen, finanziert von der extra zu diesem Zwecke ins Leben gerufenen *Armgard-Diehm-Stiftung,* wozu nicht nur endlose Unterhaltungen mit den Behörden und den Baufirmen nötig waren, sondern auch schwierige finanztechnische Aktionen, um Conradins Vermögen weiterhin dort einzubringen und solchermaßen zu erhalten.
Ruth also war entschuldigt, als wir uns an diesem Samstage, in Conradins Villa herrschten schon die Leute vom Bau, in meiner Wohnung trafen, Berthold also, Timon, Roderich und ich.
Unsere Trauer um Armgard bekam, kaum daß sich ein jeder in seiner Polsterecke so richtig eingerichtet hatte, sehr schnell eine aggressive Wendung, als nämlich im beiläufig eingeschalteten Radio, auch noch in der deutschen Version, wieder einmal jener ominöse Schlager abgespielt wurde, dessen eine Zeile uns nun doch sehr zynisch anmuten mußte: *...mit dir zu verbrennen, heißt felicita...*
»Wenn das also Conradins Rache war«, sagte Timon, »dann

wäre das sozusagen der klassische Fall eines posthum ausgeführten psychischen Mordes, das Paradebeispiel eines psychogenen Todes...«

»Mir alles wenig erklärlich«, bemerkte Roderich, »so daß ich den Herrn Kriminalschriftsteller um fachkundige Belehrung bitten möchte.«

Glücklicherweise befanden wir uns ja bei mir zu Hause, und ein längerer Griff ins Regal genügte, das Heft 6/82 der Fachzeitschrift *Kriminalistik* zutage zu fördern und den Freunden mit Hilfe eines Artikels von Wolf Middendorff Erkenntniszuwachs zu verschaffen. Zuerst beschränkte ich mich aufs Zitieren:

»...welchen Beweis kann z. B. eine Obduktion liefern, wenn keinerlei physische Einwirkung auf das Opfer stattgefunden hat. Überlegungen von potentiellen Tätern kreisen deshalb um drei Formen des perfekten Mordes ohne äußerliche Gewaltanwendung:

1. um Handlungen und Unterlassungen, durch die das Opfer veranlaßt wird, sich selbst in eine lebensgefährliche Lage zu bringen,
2. um Veranlassung oder Förderung des Selbstmordes, und
3. um direkte psychische Einwirkung mit der Absicht der Tötung.

Taten zu 1. und 2. kann man nach amerikanischen Vorbildern indirekten psychischen Mord, solche nach 3. direkten psychischen Mord nennen.«

»Fall 1 hätten wir dann wohl bei Armgard«, unterbrach mich Roderich, »wie sie Conradin, von seiner Herzinsuffizienz wissend, zum Schwimmwettkampf herausgefordert hat...?«

»Vielleicht; vielleicht auch nicht... Unser Leben ist nichts weiter als eine Kette von Spekulationen, insbesondere dann, wenn andere es zu deuten haben.«

»Fall 3 aber fände dann in Conradin ein passendes Beispiel«, fuhr Timon dennoch fort, »denn mit der Witwenverbrennung zu drohen, und dies in Kenntnis von Armgards hoher Sensibilität, ist ja nichts anderes als das, was die Medizinmänner naturhafter Völker tun, wenn sie einen Gegner so wirkungsvoll verfluchen, daß der dann tatsächlich stirbt, ohne jede äußere Gewaltanwendung; regelrecht eingeht wie eine vergiftete Pflanze.«

Ich schickte mich an, eine weitere Passage aus besagtem Artikel den anderen vorzutragen:

»Der psychogene Tod ist der Extremfall eines psychosomatischen Geschehens, es ist eine Regression in sich selbst, es ist Resignation, ein Aufgeben aller Hoffnungen. Jede motorische Aktivität entfällt, und es werden keine Gedanken mehr auf eine Rettung verwendet.«

»Das klingt ja so, als hätte Armgard schließlich selbst den Feuertod gesucht«, fiel Timon ein.
»Das ist das eine«, fügte ich hinzu, »zum anderen aber sollen Phobiker, wie ich inzwischen nachgelesen habe, von angstbesetzten Gegenständen und Situationen zuweilen mit geradezu magischen Kräften angezogen werden – was dann auch erklärt, warum Armgard, einem inneren Zwange folgend, mit Feuer und Flamme herumspielen mußte, ihr wißt, was ich meine: ihr Herumexperimentieren am Brandmelder im Keller.«
»Conradin hat sie also wirklich geliebt und auch nach dem Tode bei sich haben wollen«, sagte Roderich, der es als einziger in unserem Kreise mitunter wagte, das, was alle dachten und fühlten, in seiner ganzen Trivialität auch auszusprechen.
»Nein!« So erregt war Berthold, daß er aufsprang. »Was seid ihr doch allesamt für verdammte Narren, daß ihr die Wahrheit nicht erkennt!«
»Die Wahrheit...?« Voller Erstaunen blickten wir in seine Richtung.
»Ja...« Er zog heftig an seiner schön geschnitzten, altbayerischen Tabakspfeife. »Begreift ihr denn nicht: Melusine hat Woldemars Irrtum kunstvoll korrigiert!«
»Willst du damit sagen, daß...?«
»Ja, Ruth ist Armgards Mörderin – Fall 3!«
Die Eröffnung, daß er, der medizinische Beweis liege inzwischen vor, der erste Mann der Erde sei, der sich selber eines gesegneten Leibes erfreue, sie hätte uns kaum stärker in Verwirrung gestürzt als diese ungeheuerliche Behauptung, Ruth betreffend. Wir starrten ihn an und warteten voller Spannung auf die innere Schlüssigkeit seiner Beweise, uns seine Formel erst langsam klarmachend: Ruth gleich Melusine, Cousine

gleich Schwester, Conradin gleich Woldemar; der ganze *Stechlin* war kurz zu repetieren.
Berthold ließ sich Zeit, endlich begann er: »Conradin hatte doch lange, wie ihr euch erinnern werdet, zwischen Ruth und Armgard hin und her geschwankt, zwischen Melusine also, nehmen wir den *Stechlin* als Ausgangspunkt, und Armgard – letztere, hier wie dort, mit demselben Namen ausgestattet, was ja bekanntlich auch ihr Schicksal war. Bei uns nicht die Schwestern Barby, sondern nur Cousinen, doch was tut's? Während unsere Armgard in fast übersteigerter Reinheit ichbezogen war, narzißtisch, egoistisch, egozentrisch, ganz wie ihr wollt, so haben wir in Ruth einen Menschen vor uns, der ebenso wie sie nach Macht und Einfluß strebt, dieses aber nicht als Endzweck sieht, der garantierten Muße wegen, sondern als Mittel zum Zweck, zum Zwecke, anderen zu helfen, in diesem speziellen Falle den psychisch Kranken hier im Lande – fünfzigtausend und nicht nur fünf, womit ich uns meine, selbstredend! Jetzt, als Conradins und Armgards Erbin, hat sie endlich die Mittel dazu, vorher war sie nur eine von vielen tausend arbeitslosen Psychologen...«
Das war schon ein Motiv, in der Tat, und ich sah Berthold an, ihn bestätigend. »Dann hat Ruth Armgard also geopfert, um viele andere Opfer erlösen zu können...«
»Ja! Die Anathapiṇḍika-Sekte, dessen bin ich absolut sicher, dürfte nirgendwo anders existieren als in ihrer, in Ruths ausgeprägter Phantasie. Sie hat sich die Geschichte mit Conradins Sektenbeitritt und dem angeblich wiederauflebenden Brauch der Witwenverbrennung, angeregt wohl durch Conradins indische Ader, nur ausgedacht, um den fraglichen Brief dann gekonnt zu fälschen und ungesehen zu verstecken in Conradins hinterlassenen Papieren.«
»Die sind doch alle mitverbrannt!« rief Roderich, dabei nun ebenfalls aufspringend und sich stärker echauffierend, als sein angegriffenes Herz ihm eigentlich erlaubte. »Der Brief mit dem Sekteneintritt, der existiert doch nicht mehr!«
»Eben! Das gehörte ja zu Ruths Kalkül. Die Giftmischerin von heute braucht keine Kräuter und Essenzen mehr, der genügen zwölf Semester Psychologie...«
»Mit dem Verbrennen des gefälschten Briefes«, sagte Timon, »wird sie doch auch von den besten Detektiven dieses Erd-

balls kaum mehr zu fassen sein, und von normalen Kripoleuten nie und nimmer.«
»Wir alle haben diesen Brief gesehen«, sagte Berthold, »und es gilt nun nachzuweisen, daß die indischen Gruppen und Bräuche, von denen dort die Rede war, vor allem diese Sekte, wirklich frei erfunden worden sind, was doch möglich sein dürfte!«
Er stieß, weiterhin überaus erregt, mächtige Dampfwolken aus.
»Wenn nun Ruth tatsächlich überführt werden sollte, wer könnte das denn verantworten: Conradins Vermögen fiele womöglich dem Staate anheim, der dafür nur neue menschenvernichtende Waffen ankaufte, und diejenigen, für die Ruths ausgezeichnete Methoden fast die Garantie ihrer Heilung darstellen, blieben ohne dieses Therapiezentrum das, was sie sind: Verlorene!« Roderich sank, schwer atmend, auf seine Lederpolster zurück und schien einem Kollaps nahe, als Timon, wenn auch nur in Form eines kleinen Scherzes, seiner Vermutung Ausdruck gab, er habe wohl einen Verehelichungsakt mit Ruth in petto.
Berthold ließ nicht ab von seinem fanatischen Plädoyer gegen Ruth. »Sie hat Armgard auf dem Gewissen, und sie wird dafür büßen müssen!«
»Beim heiligen Chandler«, sagte ich, »warum denn gerade unsere Ruth?! Als Kriminalschriftsteller sehe ich mich zunftteshalber zu einem kleinen Einwand verpflichtet, den ich entsprechend ernst zu nehmen bitte, dahingehend nämlich, daß doch theoretisch ein jeder von uns der Schreiber dieses Briefes sein könnte; auch Conradin, gleichviel, ob diese Sekte Anathapindika nun wirklich real existent ist oder nur eine Erfindung von ihm, Armgard zu schrecken – und sogar Armgard selber möchte ich keinesfalls ausschließen, da es auch eine Art von Buße sein könnte, die sie sich auferlegt hatte, ihre Schuld an Conradins Versinken zu sühnen. Warum also Ruth ausschließlich?«
»Weil sie allein die Erbin Armgards ist!« beharrte Berthold. »Das ist doch der für uns alles entscheidende Punkt.«
Von da an begann sich unsere Diskussion im Kreise zu drehen, und ich darf darum auch an dieser Stelle abbrechen mit meiner Berichterstattung.
Soweit also der Stand der Dinge, wobei noch hinzuzufügen

wäre, daß Berthold vom Gang zur Staatsanwaltschaft nicht mehr abzubringen war, und Ruth bei ihren ersten Vernehmungen durch Oberkommissar Mannhardt alles sogleich in Abrede stellte, ebenso selbstsicher wie empört.
Meine Aufgabe ist es nicht, mit dieser Arbeit hier zu richten und irgend jemanden schuldig zu sprechen, ich habe auch nicht die dazu berufenen Damen und Herren in ihrer Urteilsfindung irgendwie beeinflussen wollen, ich habe nur eines angestrebt: Armgard ein bescheidenes Denkmal zu setzen.
Alles ist unwiederbringlich, und da ihr Leben geprägt war durch die Gedankenwelt Theodor Fontanes, so mögen dessen Verse diesen imaginären Gedenkstein auch zieren; gleichermaßen als Resümee wie als Schlußpunkt:

Gib deinem Wunsche Maß und Grenze,
Und entgegen kommt das Ziel.

Die Autoren

vorgestellt von Rudi Kost

Herbert Lichtenfeld

Wenn es einen charakteristischen Berufsweg für Krimi-Autoren gibt, dann diesen: Man beginnt bei irgendeiner Zeitung als Journalist, spezialisiert sich als Polizei- und Gerichtsreporter, und irgendwann ist dann einmal, nach anderen literarischen Versuchen, der erste Krimi fällig, der, weil er Erfolg hat, zwangsläufig andere nach sich zieht.
Bei Herbert Lichtenfeld, 1927 in Leipzig geboren (und seit 1951 in der Bundesrepublik lebend), war allerdings, eher untypisch, ein Musikstudium vorgeschaltet. Geiger in einem Orchester, wie er sich's erträumte, ist er nicht geworden. Statt dessen teilt er das Schicksal jedes Konzertmeisters: ohne ihn geht nichts, aber so recht bekannt ist er eigentlich nur den Eingeweihten. Denn Herbert Lichtenfeld ist vornehmlich Funk- und Fernsehautor.
Bücher, auf denen unübersehbar sein Name prangt, hat er nur wenige veröffentlicht: einige Jugendbücher, zwei Kriminalromane (»Die Stunde des Löwen«, »Nachtaufnahme«), dazu viele Erzählungen. Ansonsten taucht »Herbert Lichtenfeld« nur kurz in Vor- und Abspännen auf und geht meist am Auge des Publikums vorbei, das eher auf Dirigenten (die Regisseure) und Solisten (die Schauspieler) achtet.
Etwa zwei Dutzend Hörspiele hat er seit 1965 geschrieben, darunter preisgekrönte wie »Herr Print erkennt sich selbst« (1967, Prager Rundfunkpreis) oder »Die Verbände distanzieren sich« (1978, Preis der Akademie der Darstellenden Künste Darmstadt).
Sein Fernsehfilm »Die Deutschlandreise« (1971) wurde mit dem Adolf-Grimme-Preis in Silber bedacht; die von ihm geschriebenen Episoden für das »Traumschiff« erhielten zwar keine Auszeichnung, dafür die für einen Autor immer noch wichtigste Anerkennung, nämlich das Interesse von mehr als 20 Millionen Fernsehzuschauern.
Das Schwergewicht von Herbert Lichtenfelds literarischer Tätigkeit liegt beim Kriminalfilm – zwei Dutzend Drehbücher stammen aus seiner Feder, die meisten davon für die »Tatort«-Reihe. Herbert Lichtenfeld war beim »Tatort« von Anfang an dabei und zählt inzwischen zu den Stammautoren. Mit »Blechschaden« (1971) begann er, und als Regisseur hatte er einen Mann zur Seite, der damals ebenfalls noch am Anfang seiner Karriere stand: Wolfgang Petersen. Zusammen mit

ihm war er für »Tatort«-Filme verantwortlich, die allemal aus dem Rahmen fielen, »Strandgut« (1972), »Jagdrevier« (1973) zum Beispiel, »Nachtfrost« (1974), »Kurzschluß« (1975), »Reifezeugnis« (1977 – mit dem Film begann Nastassja Kinski ihren Aufstieg); »Beweisaufnahme« (1981), unter der Regie von Peter Keglevic, riß sogar die gestrenge FAZ zu Lobeshymnen hin (»außergewöhnlicher Glücksfall«) und wurde beim Prix futura prompt als bester Film gewertet.
»Ich möchte das Brüchige im Menschen zeigen«, sagt Herbert Lichtenfeld von sich selbst, und wie das gemeint ist, zeigt etwa sein (auch verfilmter) Roman »Die Stunde des Löwen«. Der perfekt geplante, narrensichere Coup bekommt eine andere Richtung, weil alle Beteiligten unter dem Druck der Situation neue Seiten an sich entdecken und zu Verhaltensweisen fähig sind, die ihr Leben von Grund auf ändern; Harmonie könnte die Folge sein, würde die Strafe sie nicht doch noch einholen.

Michael Molsner

Gleich vielen anderen Autoren kommt Michael Molsner, 1939 in Stuttgart geboren, in Ostpreußen, Aalen/Württ. und München aufgewachsen, aus dem Journalismus und verdankt seinen Erfahrungen als Gerichtsreporter bei Boulevardzeitungen gleichsam schriftstellerische Urerlebnisse. Er erlebt die Absonderlichkeiten menschlichen Fehlverhaltens und die Kaltschnäuzigkeit, mit welcher der Boulevardjournalismus, angeblich am »gesunden Volksempfinden« orientiert, darauf reagiert – seine ersten drei Romane »Und dann hab ich geschossen« (1968), »Harakiri einer Führungskraft« (1969) und »Rote Messe« (1973) sind von diesen Eindrücken geprägt und eingestandenermaßen auch eine Aufarbeitung eigener Erlebnisse und persönlicher Betroffenheit.
Sie spielen, wie auch einige Erzählungen, die nach Hörspielen entstanden sind, in der schwäbischen Kleinstadt Ährenfurth, und sie erzählen von Abhängigkeits- und Herrschaftsverhältnissen, von tief verwurzelten Traditionen, von autoritärem Denken und Handeln, davon, wie die Massen manipuliert werden können, wie das »Volksempfinden« politisch ausgenutzt werden kann.
Michael Molsner kommt es nicht auf vordergründige Krimi-Spannung an. Er will unsere Wirklichkeit ausloten, erfahren, was jemanden zum Verbrecher macht. Er benutzt den Unterhaltungswert zur Gesellschaftsanalyse, die fast zwangsläufig in harscher Kritik an den bestehenden Verhältnissen mündet – seinem »Tatort«-Krimi »Tote brauchen keine Wohnung« (1980 als Roman erschienen) über einen Kaputtsanierer beispielsweise brachte das erhebliche Schwierigkeiten ein.

Aber Molsner beschreibt die Strukturen nicht abstrakt; immer treten sie im Verhalten der Menschen zutage. Den Menschen gilt sein Interesse, und obschon er kein Hehl aus seinem parteiischen Standpunkt macht, stemmt er sich doch entschieden gegen Schwarzweißmalerei und gegen das gewohnte Täter-Opfer-Schema. Bei Molsner ist der Täter auch Opfer – eines gesellschaftlichen Systems, dessen Bedingungsgeflecht er sich nicht entziehen kann, und auch ein Opfer seiner selbst, weil er sich um der eigenen Bequemlichkeit willen treiben läßt, keinen Widerstand leistet.
Aber damit entschuldigt er den Täter nicht. Er greift diese Haltung an und zeigt dennoch zugleich Verständnis. Denn die Menschen, mögen sie sich auch noch so falsch verhalten, wie etwa sein Kommissar Sommerfeld in den Ährenfurth-Romanen, ein rechtes Ekelpaket, sind Produkte und Gefangene des Systems.
Von seinen kämpferischen Anfängen indes hat sich Molsner mehr und mehr gelöst. Zunehmend beurteilt er die Dinge und die Menschen differenzierter und zeigt die Welt in all ihrer Widersprüchlichkeit – »Eine kleine Kraft« (1980), »Das zweite Geständnis des Leo Koczyk« (1979), vor allem seine jüngsten Romane »Die Schattenrose« (1982) und »Aufstieg eines Dealers« (1983) um den unkonventionellen Kommissar Borowik sind Beispiele dafür.
Die Leser sind zur Auseinandersetzung aufgefordert, nicht zur vorschnellen Parteinahme. Molsner bedient sich dazu ausgefeilter literarischer Techniken. Er erzählt aus dem Blickwinkel seiner Figuren, und statt Klärung handelt sich der Leser zunächst Verunsicherung ein: es bedarf des Mitgehens, Mitdenkens, um das Chaos zu durchschauen.

-ky

Nicht allein diesem ominösen Kürzel -ky und dem werbewirksamen Versteckspiel, das mit ihm jahrelang getrieben wurde, verdankt der Berliner Soziologieprofessor Dr. Horst Bosetzky seine überaus große Popularität. Mit seinen ersten beiden Romanen »Zu einem Mord gehören zwei« (1971) und »Einer von uns beiden« (1972) erschien auch die Ahnung von etwas Neuem in der deutschen Kriminalliteratur.
-ky wurde geradezu zum Inbegriff des »Sozio-Krimis«, der die Leichen nicht zur gefälligen Abendunterhaltung liefert, sondern mit ihnen ausdrücklich aufklärerische Absichten verbindet. -ky untersucht die sozialen und politischen Zustände in diesem Land und die daraus folgenden psychischen Verletzungen der Menschen. Dabei verleugnet er nicht seinen eigenen politischen Standort, seine Distanz zum herrschenden System.
Dessenungeachtet sind seine neun Romane und drei Kurzgeschichten-

sammlungen keine Lehrbücher. Die sozialen Analysen und politischen Exkurse sind eingebunden in eine rasante Handlung, die mit Action-Szenen, zynischen Wortwitzen und grotesk überdrehten Situationen gespickt sind – was ihn auch für das Kino attraktiv gemacht hat: »Einer von uns beiden« (1972) und »Kein Reihenhaus für Robin Hood« (1979) wurden verfilmt.
Ein anderes Merkmal des Schriftstellers -ky konnten die Filme freilich nicht transportieren. Es ist sein Unbehagen an glatt erzählten Geschichten. Er bricht die Handlung auf, mehrere Erzählebenen spiegeln verschiedene Bewußtseinsstufen wider (am extremsten der Briefroman »Die Klette«, 1983).
Die Verwirrung des Lesers folgt aus dem Zusammenprall unterschiedlich erlebter Standpunkte, nicht aus der Unsicherheit über den Täter. Der ist manchmal gar nicht zweifelsfrei dingfest zu machen: in »Von Beileidsbesuchen bitten wir abzusehen« (1972) offeriert -ky gleich mehrere Möglichkeiten. Die Rebellion gegen die traditionellen Krimi-Muster in formaler Hinsicht steht in Einklang mit der Auflehnung gegen die üblichen Inhalte. -kys Figuren zerbrechen am Daseinskampf; die sie umgebenden Realitäten verhindern ein Leben nach eigenen Vorstellungen. Es sind Außenseiter, von ihrer Umwelt in die Isolation und in Tagträume getrieben, ihre kriminellen Aktionen psychische Amokläufe: Rache an den Peinigern (»Ein toter führt Regie«, 1974; »Es reicht doch, wenn nur einer stirbt«, 1975), verzweifelte Fluchtversuche aus den Normierungen des Alltags (»Stör die feinen Leute nicht«, 1973; »Einer will's gewesen sein«, 1978).
-ky bedient sich dazu gegensätzlicher Umfelder. Einmal ist es die Großstadt Berlin, seine Heimatstadt (hier wurde er 1938 geboren, hier lebt er heute), mit ihrer Anonymität, die Träume vom besseren Leben geradezu provoziert; auch der Kriminalkommissar Mannhardt ist davon nicht ausgenommen. Zum anderen ist es die fiktive Kleinstadt Bramme; zwar überschaubar, doch festgefahrene soziale Strukturen und politische Intrigen ersticken alle Ansätze zur Individualität im Keim, ja machen selbst das Bemühen um Wahrheit unmöglich: die scheinbare Geborgenheit der Kleinstadt erweist sich als Gefängnis. Sogar der dortige Kommissar Kämena, die Karikatur eines Kriminalbeamten, erscheint nur als hypochondrische Marionette der Herrschenden.

Erich Loest

Der Mörder saß im Wembley Stadion
Kriminalroman. Band 8173

In London wird ein Bankraub begangen, brutal und ohne Rücksicht auf Menschenleben. Kurz darauf geschieht ein Überfall auf ein großes Kaufhaus; die Tatmerkmale lassen die gleichen Verbrecher vermuten. Als Scotland Yard endlich einen Mittäter verhaftet, wird dieser auf rätselhafte Weise aus dem Zuchthaus befreit. Die Fußball-Weltmeisterschaft steht vor der Tür, und es ist abzusehen, daß sich bei dem zu erwartenden Massentourismus die Verbrechen der Bande wiederholen.

Oakins macht Karriere
Kriminalroman. Band 8210

Den großen Coup hofft Oakins mit einer gut assortierten Klienten-Kartei zu landen, die zum Verkauf ansteht. Zuverlässigster Kunde ist ein Fischhändler, dessen Frau Fischgestank nicht ertragen kann. Sie läuft ihrem Mann ständig davon, und Oakins darf sie immer wieder aufspüren.

Rotes Elfenbein
Kriminalroman. Band 8184

Inspektor George Varney ist wieder unterwegs. Diesmal geht es um geschmuggeltes Elfenbein. Fußball-Fans haben das Vergnügen, die WM 1974 literarisch noch einmal nachgestellt zu bekommen.

Waffenkarussell
Kriminalroman. Band 8108

Klar gezeichnete Figuren, bunt wechselnde Schauplätze auf zwei Kontinenten und ein scharfer Blick für die Hintergründe des schmutzigen Waffengeschäfts zeichnen diesen Roman aus.

Fischer Taschenbuch Verlag

fi 502/2

Roger Borniche

Roger Borniche, geboren 1919, trat 1944 in den Polizeidienst ein. In seinen zwanzig Dienstjahren hat der erfolgreichste Kriminalinspektor Frankreichs den Rekord von 567 Festnahmen gesuchter Gangster zu verbuchen. In seinen spannenden Romanen fesselt der schreibgewandte Autor mit Fällen aus der eigenen Praxis.

»Realität von der ersten bis zur letzten Seite. Das Aufregendste, was ich seit langem gelesen habe.«
Jürgen Roland

Duell in sechs Runden
Kriminalroman. Band 1883

Pierrot le Fou ist nicht zu fassen
Kriminalroman. Band 2601

Tatort Côte d'Azur
Kriminalroman. Band 2619

Der Spitzel
Kriminalroman. Band 8061

Fischer Taschenbuch Verlag

fi 262 / 2